大方
sight

中国人

你

自

要

信

张维为

著

中信出版集团 | 北京

图书在版编目（CIP）数据

中国人，你要自信/张维为著. -- 2版 .-- 北京：
中信出版社，2024.2
ISBN 978-7-5217-6275-4

I. ①中… II. ①张… III. ①发展战略—研究—中国
IV. ① D60

中国国家版本馆 CIP 数据核字（2023）第 251367 号

中国人，你要自信
著者： 张维为
出版发行：中信出版集团股份有限公司
　　　　　（北京市朝阳区东三环北路 27 号嘉铭中心　邮编　100020）
承印者： 河北鹏润印刷有限公司

开本：660mm×970mm　1/16　　　　　印张：17　　　字数：160 千字
版次：2024 年 2 月第 2 版　　　　　　印次：2024 年 2 月第 1 次印刷
书号：ISBN 978-7-5217-6275-4
定价：69.00 元

目录

第二部分　中国模式

第三部分　中国话语

代序

中国人，你要自信

过去三十多年，对中国的预测，一种是乐观的，一种是悲观的。但很有意思的是，三十多年过去，我们回头一看，乐观的几乎都是对的，悲观的几乎都错了。

十八大召开前夕，英国广播公司（BBC）曾经邀请我去他们演播室。这个主持人很有意思，她问我的第一个问题就是，张教授，你觉得中共还会有十九大吗？当时十八大还没有召开，即将召开。我笑了，我说过去这么多年，你们对中国的政治预测，哪一次是对的？我说我都记不起来，我一个人的预测都比你们预测得准。有相当一部分的西方媒体人、西方学者，思想里还是一种西方中心论和历史终结论。只要你和我西方做得不一样，你就不对，你就要走衰，你最后要崩溃。

大家知道"历史终结论"是美籍日裔学者福山先生提出的，他跟我有过一场辩论，2011 年时在上海。我说以我对美国的了解，对美国政治制度的了解，美国的政治制度设计是前工业革命时期的。美国政治改革的迫切性绝不亚于中国，实际上我觉得比中国还要迫切。现在我们这个辩论已经将近 4 年过去了，我的观点没有任何变化，只是更加细化、更加深化了。但福山先生，在最新的一期《外交事务》（*Foreign Affairs*）杂志上发表了一篇长文，标题就是 *America in Decay*（"衰败中的美国"）。我看了这篇文章，说这文章 95％不用任何修改，登在《人民日报》上没有问题。

我之所以谈问题比较自信，恐怕跟我自己的个人经历有关。年轻的时候，我在中国最基层工作过，在上海当过 3 年工人。到 20 世纪 80 年代中期，非常荣幸，我又有机会直接为当时的党和国家领导人，包括邓小平，做了很多次的翻译。我接触过中国的最基层，也接触过中国的最高层。

我第一次出国是泰国曼谷，觉得不可思议，怎么这么发达，领先上海至少 20 年。我第一次看到超市，第一次看到高速公路，第一次看到晚上几点钟商店还开着。当然今天，去过曼谷的人都知道，它落后上海至少 20 年。

我在西方长期生活过，所以西方很多忽悠我是不会上当的。我在那儿用过律师，用过会计师，交过税，打过官司，买过地，建过房子等。总的感觉是，西方的长处和短处都是客观存在的。而现在，它体制中的短处，开始越来越多地压倒它的长处。

我走了 100 多个国家之后，有一个很深的感觉，中国已经取得这么大的进步，但我们相当大的一个人群，特别是知识界、媒体界，很多人不自信，总觉得还有一个非常理想的彼岸世界，就是西方，特别是美国。有一次在上海一所大学里讲课，讲中国崛起，一个青年教师提了一个颇为尖锐的问题。他说张老师啊，听完你的讲座，感觉好像中国人生活得都很幸福，但是为什么还是有这么多人移民呢？你能不能劝他们不要移民，待在中国？我也笑了，我说你这个问题可问对人了，我说我可不做这样的傻事情，我鼓励他移民。因为我做过一个小小的研究，就是至少70%的人，出国之后会变得更加爱国，不管他加不加入那个国家的国籍，一出国，就爱国，效果比党的教育还要好。

我仔细查了有关移民的数据，我们现在移民还非常之少，过去3年平均的移民数，每年是19万。一年19万是什么概念？小小的波兰，还是所谓的民主国家，人口才4 000多万，2013年移民了50万。

我说这是"围城现象"啊。如果你想移民美国的话，给你支个招，我对纽约还算熟悉，恐怕不亚于上海。我说这样吧，你可以从上海的浦东机场，到纽约任何一个机场——纽约有3个机场，现在跟上海联系比较多的是纽瓦克机场，你先感受一下，什么叫作从第一世界的机场，到第三世界的机场，美国基础设施都是20世纪60年代的，怎么跟中国比？如果你有胆量的话，试一试，敢不敢在纽瓦克这个镇，就像我们虹桥一样是个镇，住一夜，我住过，体验一下你晚上敢不敢出去。我一个朋友在纽瓦克一个医学院做过博士后，我问他你这个医学院怎么样？他说不错的。我问哪个专业是最好的？他说枪伤科，天天有火拼么，枪伤科就发达了。

对美国，你只要稍微有点对这个国家的常识，就知道这个国家由三个世界组成：第三世界、第二世界、第一世界。如果你不幸地坠入美国的第三世界，对不起，我估计你的寿命和非洲人均寿命差不多，50来岁。如果你像我们很多留学生那样，通过自己的努力，进入美国所谓的第二世界，成为中产阶级，你问问这些人，过去20年，实际收入有没有增长？买了房子的话，房子有没有增值？对以后在美国的退休生活有没有信心？我不是说美国什么都不好，美国有很多地方还是不错的，但是我们应该平视美国，平视西方，既不要仰视也不要俯视，这样可以防止被西方、被美国忽悠。

中国崛起到今天这个地步，还要被西方、被美国浅薄的话语忽悠的话，我们的后代将会埋怨我们："一手好牌，当时的好牌，怎么打成了那个样子？"我觉得中国的进步无疑是世界上最大的，可以说是人类历史上没有见过的。我们脱贫的人数，占世界脱贫人数的70%，我们的成就恐怕超过所有其他发展中国家成就的总和。现在我们看经济总量，最保守的估计，10年之内，根据官方汇率计算的GDP，应该会超过美国。

如果根据购买力平价（PPP）——这是另外一种计算方法，就是你的货币实际能够买到多少东西，根据国际货币基金组织最新的报告，2014年，中国的经济规模已经超过了美国，中国已经是世界最大的经济体。但是有些人还是不自信，说这个没什么了

不起啊，即使超过美国，人口是美国的 4 倍，对不对？人均 GDP
还是美国的 1/4。我说你换一个指标系统，可能结果就完全不一
样了。

我经常用两个不同的指标来看世界各国，一个是家庭净资
产，也就是说老百姓的家底到底有多厚。老百姓的房产、股票、
债券、储蓄等加在一起，去掉所有的债务，有多少净资产？我现
在看到的，美联储每年都出报告的，2010 年，美国的家庭净资产
中位水平是 7.73 万美元。有人说美国人资产怎么就这么一点呢？
实际上美国这个国家是债务型的国家经济，老百姓个人消费也是
债务型的消费，把债务都去掉以后，资产确实不是特别高，这个
水平和中国今天的家庭净资产，差别已经不是很大了。

第二个重要的指标是人均预期寿命，中国现在是 75 岁，美国
是 78 岁，就比中国多 3 岁。而中国的人口是美国的 4 倍，且我们
整个发达版块，北京上海都是 82 岁，纽约才 79 岁，这个 79 岁还
是最近的，前两年还没有到这个水平。

为什么名义 GDP、人均 GDP 美国比中国高，但实际上家庭
净资产和人均预期寿命差距不是很大？一种解释，我觉得邓小平
讲过一句很好的话，我亲耳听他讲过，他说因为我们实行的是社
会主义制度，所以我们人民得到的实惠可能会比较多。

第二种解释就是，最富的 100 个中国人不可能左右中共中
央政治局，而最富的二三十个美国人可以左右白宫。就这么简
单。因为现在美国连竞选的政治献金都不封顶了，个人捐款也

不封顶了，那就不是 Democracy，是 Moneytalkracy，不是民主，而是"钱主"，是"钱主"的话，你就没有办法，老百姓生活怎么改善？

但是我们国内一些人还是不自信，西方还是天天在骂我们，骂我们用得最多的是什么？"我们是民主国家，你是专制国家。"民主与专制，这是西方一个主要话语。所以我们讲超越美国、超越西方，不仅是经济总量，不仅是百姓财富，而且也是话语的超越：我们要有自己的话语。

2013 年 3 月，我们一个小组去德国首都柏林开会，BBC 正好在播一个电视节目，叫 *Freedom 2014*（《自由 2014》）。里面一个退役的宇航员，拿着一张他在冷战时期拍的照片，跟大家说："你们看，这是冷战时期我从外太空拍的柏林的夜景。东柏林，是黯淡无光的，西柏林则非常明亮。这说明了什么？"他说，"一边是一个落后的专制国家，另一边是一个繁荣的民主国家。"但我们这些从上海到柏林的同事，一到柏林就觉得：这个机场怎么这么小啊？确实，中国已经找不到这么简陋的机场了；柏林街道上的商店空空荡荡，没有人气；柏林的夜景比上海差太多了，一个天一个地。如果一定要套用这个宇航员的话语，那么也可以说，今天中国是一个繁荣的民主国家，德国是一个落后的专制国家。

实际上，我想关键不在于一个国家——德国或中国——是"民主还是专制"，而是"民主与专制"这个话语，已经落后于时代了，已经远远不能解释我们这个非常复杂而又非常精彩的世界了。

如果一定要找一个新的话语来代替这个范式的话，我想就是"良政还是劣政"，英文中"良政"叫 good governance，"劣政"叫 bad governance，就是国家治理的好坏，良政可以是西方的制度，西方制度下有一些国家治理得还可以，有些则治理得非常糟糕。"良政"也可以是非西方的制度，我把中国也放在这一类，虽然我们有很多问题，但是经得起国际比较。关键是"劣政"也可以是西方的模式，这一点非常重要。我可以举出 100 个例子，从阿富汗、伊拉克、海地、利比里亚到所谓的发达国家，已经破产的希腊，我到希腊的时候就说了，我们可以从上海派个团队来帮你治理，因为治理水准太低了；冰岛也破产了，也是所谓发达国家，我也去过，没有治理好。

我们讲超越，实际上还有一个政治制度的超越，政治制度一个重要方面就是如何产生党和国家的领导人？十八大的时候，《纽约时报》的编辑给我来了一个邮件，说张教授，能不能写篇评论，我这篇评论的标题是"选贤任能挑战西方民主"。我讲了一个简单的故事，我说，你看一下中国十八大产生的最高执政团队，政治局常委们的履历，基本的要求是两任省委书记。也就是说，他们至少治理过一亿人口，而且要有政绩。你看一下习近平，他治理过三个省（直辖市），当第一把手，福建、浙江、上海，这三个省（直辖市）的人口加在一起，大约是 1.2 亿；经济规模加在一起，接近印度的经济规模。治理过这么多的人口、这么大的经济版块之后才进入了政治局常委，然后又给他 5 年的时间熟悉全国的政治、经济、军事、社会方方面面，最后再出任党和国家的最高领导人。这个制度是世界上最具有竞争力的，你怎么能比？

西方媒体很有意思，我对西方政治制度批评得比较尖锐，但是正因为你批评得比较到位，它有时候还不得不引用你。2014 年 3 月，自由主义的旗舰杂志《经济学人》发表一篇封面长文，标题就是"民主出了什么问题"（*What's gone wrong with democracy*）。里边引用了我的一个观点、一句话，说是复旦大学的张维为教授说：美国政治制度有太多的问题，老是选出二流的领导人。我是讲过这个意思的话，但它引用得不准确，我讲的是老是选出三流的领导人。

尽管中国明显的在赶超的路上做得相当不错，但是西方和相信西方这些政治理论的人还是觉得，他们有一种莫名其妙的道德优越感。今年 6 月，复旦大学和牛津大学举办了一场关于中国模式的研讨会，我介绍我理解的中国模式，他们的一些学者还是质疑，质疑中国的政治制度、经济模式等。我说我们可以竞争，你坚持你的模式，我坚持我的模式。我的模式不管怎么样，它逐步演进、与时俱进，不断地进行改革，自我调整。我说你们一定要了解一个基本的事实，今天的中国，每 3 年创造一个英国，所以我说我们一点都不害怕竞争，一点都不害怕模式竞争，一点都不害怕制度竞争，特别不害怕政治制度竞争。

最后就是我的结论，很简单，七个字：中国人，你要自信。让我们把不自信的帽子送给我们的对手，谢谢大家！*

---

* 本文为作者 2014 年 12 月在上海所做一场题为"中国人，你要自信"的演讲讲稿，此次演讲视频在网上点击量过亿，产生了极大的影响，其内容也正是本书的主题。

第一部分

中国崛起

中国，重返世界之巅

很高兴有机会到北大来做这个演讲。我想从三个时间节点和三个领袖人物的角度切入来谈"中国，重返世界之巅"这个主题。中国人有"大国情结"，因为这个国家在历史上领先世界数千年，后来由于种种内忧外患跌入低谷，现在经过百年奋斗和牺牲，又快步赶了上来，正在重返世界之巅，中华民族伟大复兴的梦想从没有像今天这样离我们如此之近。

今年我们纪念红军长征胜利 80 周年。大家都知道，从 1934 年开始到 1936 年结束的长征是人类战争史上史诗般的奇迹，中国工农红军转战了 14 个省，战胜了难以想象的艰难险阻，突破了上百万敌军的包围封锁，把中国革命的大本营从南方转移到了西北。1935 年年底，毛泽东召开了瓦窑堡会议，他在会上说了一番惊天动地的话，我们这个年纪的很多人都能背诵出来，他当时是这样说的，"我们中华民族有同自己的敌人血战到底的气概，有在自力更生的基础上光复旧物的决心，有自立于世界民族之林的能力。"（《论反对日本帝国主义的策略》，《毛泽东选集》第一卷）这番话本身气壮山河，但我后来看到国民党将军傅作义接受一个采访时的一番话，就更加感慨万千，他说他当年听到毛泽东这番话就被震撼了，他说，"毛泽东讲这番话的时候，他手下连 8 000 人都不到呀，但他敢说这样的话。"更有意义的是，在这个讲话发表后的 14 年间，人民力量摧枯拉朽，日本战败投降，国民党兵败如山倒，1949 年 10 月 1 日毛泽东登上天安门城楼宣告中华人民共和国成立，中国人民从此站起来了。从不到 8 000 人，到解放全中国，建立人民共和国，历史巨变迅速印证了毛泽东的远见、担当和勇气。

这种远见的背后是对中国国情的正确分析和把握。在瓦窑堡会议的同一个讲话中，毛泽东分析了中国国内外时局的变化，说了许多马列经典著作中从来没有说过的话，他提出要团结工人、农民、小资产阶级和民族资产阶级，建立最广泛的统一战线，联合一切可以联合的力量，投入抗日战争。他还谈了为什么不再提建立"工农共和国"，而是要建立"人民共和国"。他说，"我们的政府不但是代表工农的，而且是代表民族的。……因为日本侵略的情况变动了中国的阶级关系，不但小资产阶级，而且民族资产阶级，有了参加抗日斗争的可能性。"（《论反对日本帝国主义的策略》，《毛泽东选集》第一卷）毛泽东当时还指出，"中国百分之八十至九十的人口是工人和农民，所以人民共和国应该首先代表工人和农民的利益。但是人民共和国去掉帝国主义的压迫，使中国自由独立，去掉地主的压迫，使中国离开半封建制度，这些事情就不但使工农得了利益，也使其他人民得了利益。总括工农及其他人民的全部利益，就构成了中华民族的利益。"（《论反对日本帝国主义的策略》，《毛泽东选集》第一卷）

毛泽东后来还准确地预测："中国的命运一经操在人民自己的手里，中国就将如太阳升起在东方那样，以自己的辉煌的光焰普照大地，迅速地荡涤反动政府留下来的污泥浊水，治好战争的创伤，建设起一个崭新的强盛的名副其实的人民共和国。"（《在新政治协商会议筹备会上的讲话》，《毛泽东选集》第四卷）尽管在重返世界之巅的探索中人民共和国也经历过不少曲折，但中国最终以自己的全面崛起震撼了世界。

我要讲的第二个时间段是 1991—1992 年前后，我要讲的领袖人物是邓小平。大家知道，1989 年中国发生了政治风波，1990 年前后东欧发生了剧变，1991 年 12 月 25 日戈尔巴乔夫宣布辞职，苏联解体，西方世界一片欢呼声，美籍日裔学者福山宣布历史终结了，我们内部怀有悲观情绪、怀疑"红旗还能打多久"的人也不少。当时主要有两种声音，一种主张放弃社会主义，全面接受西方的所谓"普世价值"；另一种呼吁"全面抵制"西方，认为在经济领域多一分外资就多一分资本主义。但是沧海横流方显英雄本色，邓小平在这场严峻的危机中看到了机遇，看到了中国社会主义的机遇。他可能觉得周边很多人还看不到，所以苏联解体之后才 20 来天，他就开始了著名的 1992 年南方视察，他有话要说。

邓小平应该是中国高级领导人中最了解苏联及东欧和苏联模式的。他1926年曾在苏联留学近一年，1949年之后又7次访问苏联，会见过当时苏联和东欧几乎所有最高领导人。他的基本判断是苏联和东欧首先失败在经济上，失败在人民生活水平停滞不前上，失败在他们的领导人动摇了对社会主义的信念上，所以邓小平在南方谈话中反复强调："不坚持社会主义，不改革开放，不发展经济，不改善人民生活，只能是死路一条。"（《在武昌、深圳、珠海、上海等地的谈话要点》，《邓小平文选》第三卷）现在一些人只说不改革开放是死路一条，这是不准确的，邓小平把"社会主义"四个字放在最前面，他对此是深思熟虑的。

在南方讲话前，邓小平对苏联和东欧的事态发表了一系列评论。1989年9月4日，他表示："东欧、苏联乱，我看也不可避免，至于乱到什么程度，现在不好预料，还要很冷静地观察。"（《改革开放政策稳定，中国大有希望》，《邓小平文选》第三卷）他还表示："在这些国家动乱的时候，中国要真正按计划实现第二个翻番，这就是社会主义的一个成功。到下个世纪50年，如果我们基本上实现现代化，那就可以进一步断言社会主义成功。"（《改革开放政策稳定，中国大有希望》，《邓小平文选》第三卷）1990年7月11日，他向加拿大前总理特鲁多指出：西方对东欧的变化"不要高兴得太早，问题还复杂得很"。1991年8月20日，也就是苏联解体前4个月，邓小平说："现在世界发生大转折，就是个机遇。"1990年12月24日，东欧已经出现了剧变，苏联呈现一派乱象的时候，邓小平说："国内外形势比我们预料的要好。"

回头看来，邓小平看到了机遇，但也看到了风险。他认为中国要大力"利用"外资，但"外资"只能是对中国社会主义经济的补充，是对中国整体实力的补充，中国决不能被外资控制，而是要通过引进外资和其他外部资源来壮大自己，最后反过来超越西方。邓小平对中国社会主义深具信心，1989 年 11 月他对来访的外国客人说，"一个冷战结束了，另外两个冷战又已经开始。一个是针对整个南方、第三世界的，另一个是针对社会主义的。西方国家正在打一场没有硝烟的第三次世界大战。……中国坚持社会主义，不会改变。……只要中国社会主义不倒，社会主义在世界将始终站得住。"（《坚持社会主义，防止和平演变》，《邓小平文选》第三卷）

同一年，他总结了 1989 年"政治风波"的教训，对党的第三代领导集体说了这么一番话："整个帝国主义西方世界企图使社会主义各国都放弃社会主义道路，最终纳入国际垄断资本的统治，纳入资本主义的轨道。现在我们要顶住这股逆流，旗帜要鲜明。因为如果我们不坚持社会主义，最终发展起来也不过成为一个附庸国，而且就连想要发展起来也不容易。"（《第三代领导集体的当务之急》，《邓小平文选》第三卷）他还清醒地指出："现在国际市场已经被占得满满的，打进去都很不容易。只有社会主义才能救中国，只有社会主义才能发展中国。在这一点上，这次暴乱对我们启发十分大，十分重要，使我们头脑更加清醒起来。不走社会主

义道路中国就没有前途。"（《第三代领导集体的当务之急》，《邓小平文选》第三卷）

我们环顾一下世界，许多国家也对外开放，但真正成功的很少，他们开放了，但往往不是真正"利用"了外资，而是整个国家的经济命脉都被西方资本控制了，甚至国家和百姓的财富都被华尔街金融大鳄洗劫一空。但中华人民共和国不一样，她有完全独立于西方的政治制度、国防体系、科研体系，她有自己独特的历史和文化传承；她有人民共和国前30年奠定的制度基础、工业基础和社会基础，包括妇女解放、土地改革、教育普及等伟大的社会革命，所以邓小平坚信中国有能力在开放中趋利避害，汲取西方和其他文明的所有长处，同时保持自己的自主性。

随之而来的中国迅速崛起也印证了邓小平的远见、担当和勇气。20多年过去，中国通过全方位的改革开放，通过社会主义市场经济模式，使整个国家面貌焕然一新。绝大多数国民的财富大幅增长，中国迅速成为世界最大的经济体（按购买力平价）、最大的贸易国、最大的外汇储备国、最大的游客输出国，形成了全世界最大的中产阶层，这与西方模式下多数民众财富20多年鲜有增长形成了鲜明的对照。中国还基本实现了全民养老和全民医保，虽然水平还参差不齐，但美国还做不到。中国成了世界经济增长的最大引擎，对世界经济增长的贡献为美国的两倍，世界对中国道路和中国模式的关注也一浪高过一浪。虽然中国社会主义道路还面临诸多挑战，但在国际比较中已经明显胜出，这条道路将越走越宽广。

　　我想讲的第三个时间节点就是 2016 年，领袖人物就是习近平。自 2012 年十八大召开以来，习近平总书记多次强调"要准备进行具有新的历史特点的伟大斗争"，他指出，我们既要有"乱云飞渡仍从容"的战略定力，又要有"不到长城非好汉"的进取精神；我们要"把握世界大势，统筹好国内国际两个大局，在时代前进潮流中把握主动、赢得发展"；我们要实现"中华民族伟大复兴的中国梦"。

　　2016 年发生了两件大事，展现了习近平总书记的远见、担当和勇气。它们既是"具有新的历史特点的伟大斗争"，又是中国重返世界之巅进程中具有深远意义的里程碑。第一件大事是中美围绕南海仲裁案而展开的尖锐斗争，包括军事斗争。十八大以来，习近平总书记对国防和军队建设做出了一系列重大决策部署，指挥了一系列重大军事行动。2016 年六七月间，也就是南海争议的关键时刻，美国竟派遣两个航母战斗群进入南海，而且公开叫嚣已做好开战准备，但中国人民解放军直面这种挑战，向全世界宣布自 7 月 5 日至 11 日，在南海进行战役级的大规模演习，中国其他相关反制措施也一一到位，同时明确地告诉对方，"豺狼来了有猎枪""10 个航母开来也吓不倒中国"。

　　这一切体现了习总书记近年提出的"治军"思想：军队要"聚焦能打仗、打胜仗"。他强调"能战方能止战，准备打才可能不必打"。他将军事斗争准备基点放在打赢信息化局部战争上，突出海上军事斗争和军事斗争准备，有效控制重大危机，妥善应对连锁反应，坚决捍卫国家领土主权、统一和安全。许多境外媒体曾预测美国航母编队在 7 月 12 日仲裁法庭的决定出台后，就可能立即闯入中国岛礁海域来"执法"，结果 12 日这一天却发现美国航母编队退到了菲律宾以东的海面。无疑，在中国强有力的反制措施面前，美国退却了。中美围绕南海的斗争还会继续，但这场基于意志和实力的较量已证明，美国想以武力威胁来阻遏中国崛起的企图已完全破产，这场斗争的伟大意义怎么评价都不过分。

另一件大事就是 2016 年 9 月初，中国作为主席国在杭州举行的 G20 集团峰会。代表世界经济总量 85％，世界贸易总额 80％，世界人口 60％的 20 个成员国及相关国际组织的领导人齐聚杭州，讨论并最终通过了习近平代表中国提出的解决世界经济难题的中国方案。如果说围绕南海的军事斗争代表了中国硬实力的强劲崛起，那么 G20 杭州峰会的进程则代表了中国软实力的迅速崛起。

今天国际经济形势低迷，世界贸易持续下滑，各种形式的民粹主义、逆全球化、保护主义盛行。国际政治危机也此起彼伏，从欧洲难民危机到英国公投"脱欧"，很多国家的领导人根本无暇顾及全球经济治理难题，中国自己的经济也面临下行压力，许多西方媒体认为中国接手了一个烂摊子，至少也是运气不好，看好这次峰会的人不多。但 G20 杭州峰会的结果使整个世界眼前一亮，中国智慧、中国经验、中国方案，一个接一个，令人应接不暇。无疑，中国软实力正以比原来预计更快的速度崛起，中国在重返世界之巅的进程中又迈上了新的高度。

今天世界软实力的总体格局仍然是"西强我弱"，但这次峰会的成功经验说明，只要我们具有真正的道路自信，能够从人类的整体利益出发，以中国已经取得的成功经验为依托，把握时机，顺势而为，敢于发声也善于发声，那么改变"西强我弱"话语格局的进程可能会大大加快，原因之一是西方软硬实力走衰的速度比我们预想得还要快，从英国公投"脱欧"到美国大选乱象都说明了这一点。这次 G20 峰会的过程中，已看不到西方真正有分量的倡议，更毋庸谈西方的道德感召力了。与此相反，包括西方国家在内的其他成员几乎都在期待中国方案，因为中国提出的东西确实符合世界上绝大多数国家的利益和愿望。在这个意义上，中国是"得道多助"。这次峰会可能标志着，世界范围内"西强我弱"的话语格局正逐步开始逆转。

习主席后来也对峰会的成功进行了言简意赅的总结。他是这样说的："我们运用议题和议程设置主动权，打造亮点，突出特色，开出气势，形成声势，引导峰会形成一系列具有开创性、引领性、机制性的成果，实现了为世界经济指明方向、为全球增长提供动力、为国际合作筑牢根基的总体目标。在这次峰会上，我们首次全面阐释我国的全球经济治理观，首次把创新作为核心成果，首次把发展议题置于全球宏观政策协调的突出位置，首次形成全球多边投资规则框架，首次发布气候变化问题主席声明，首次把绿色金融列入二十国集团议程，在二十国集团发展史上留下了深刻的中国印记。"

我很荣幸，前后 6 天作为央视嘉宾在北京和杭州点评这场峰会，近距离观察了整个会议的进程。我个人认为，中国方案得到与会成员高度认可的原因大致有三：一是这些方案能够站在"人类命运共同体"的高度，寻求大家能接受的最大公约数。二是中国设计的峰会主题背后是中国的成功实践，"创新、活力、联动、包容"四大主题其实就是中国理念和中国道路的一种展示。例如，会议提出的"创新"，主要指创新增长方式，这不同于过去 G20 搞的货币主义政策，而是中国创新增长方式的实践，而杭州本身就是这种实践的缩影：杭州在电子商务、普惠金融、移动支付等领域内都走在中国的最前列，也走在世界的最前列。三是习近平在会议过程中展现出的自信坦诚，通过一次次的讲话和沟通，他以"人类命运共同体"的信念，为世界经济困境点出了问题、开出了药方、指出了方向、交流了经验、勾勒了前景。

峰会的最后一天，习近平主席代表二十国集团，宣布会议达成的共识：第一，我们决心为世界经济指明方向，规划路径；第二，我们决心创新增长方式，为世界经济注入新动力；第三，我们决心完善全球经济金融治理，提高世界经济抗风险能力；第四，我们决心重振国际贸易和投资这两大引擎的作用，构建开放型世界经济；第五，我们决心推动包容和联动式发展，让二十国集团合作成果惠及全球。很难想象过去任何一个国际会议上能够发表一份如此"中国味儿"的会议公报，会使用"规划路径"
"放眼长远""总体目标""开辟新增长点""综合施策""结构性
改革"等一系列中国理念和话语。在这个意义上，这次 G20 峰会
可能是中国软实力崛起的一个分水岭，是中国重返世界之巅、实
现民族复兴梦的一个里程碑。中国的声音，特别在全球治理领域
内的声音，以后将会越来越清晰，越来越得到重视。

　　总之，从红军长征胜利到 G20 杭州峰会成功，我们看到了中
国正大踏步地重返世界之巅，看到了全面实现中国梦的伟大前
景，看到了真正的道路自信和话语自信，看到了中国软硬实力的
全面崛起，看到了我们领导人在历史发展的关键时刻所展示的远
见、担当和勇气，这一切改变了中国，改变了世界，必将深刻地
影响未来世界秩序的演变。崛起的中国，将继续在全球化进程中
搏击风浪，引领全球化的新浪潮，为人类作出更大的贡献，中国
重返世界之巅的伟大进程也会因此而变得更蔚为壮观。谢谢
大家！

2016 年 10 月于北京大学"北京高校理论名家讲堂"

今天我们面对的是 "三种中国"

亚洲是世界古老文明的主要发源地。两河流域文明、印度文明、波斯文明、伊斯兰文明、中华文明都发源于亚洲大地，这些古老的文明由于种种原因，有的已经干枯凋零，有的至今还根深叶茂。在漫长的历史长河中，亚洲不同的文明既经历过矛盾冲突，也受益于交流互鉴。从人类发展的大历史来看，这种交流互鉴的历史和记忆，对于今天的亚洲和世界都弥足珍贵。

中华文明从这种文明交往中获益良多，中华文化至今根深叶茂，很大程度上是"多元融合"的结果，其中最著名的例子当属佛教传入后对中国方方面面所产生的深刻影响。中国漫长的历史长河中，儒家和道家影响力一直比较大，而儒家尊"圣人"，道家讲"真人"，两者的共同之处是需要相当的知识修养，所以儒家也好、道家也好，在相当长的时间里，未能进入寻常百姓家。而佛教不一样，它直指人心，关心芸芸众生的身心安顿，而且佛教还有雕塑、音乐等传播方式。它的传入显然填补了中国宗教传统中的某些不足。佛教传入的过程也经历过磨合碰撞，幸运的是，这种磨合碰撞没有导致西方那种持续千年之久的宗教战争，而是佛教逐步适应和融入了中国文化，同时也在相当程度上丰富和改造了中国文化。中国也因此形成了儒释道兼容并蓄、互补融合的伟大传统。

同样，中华文明与伊斯兰文明的交流也源远流长。伊斯兰教先知穆罕默德曾说："知识，虽远在中国，亦当求之。"中国历史上也有过"以儒诠经"的过程，主要指明清之际穆斯林学者用中国的宋明理学来阐释伊斯兰教的经典，使伊斯兰教逐步中国化。此外，阿拉伯民族的民间传说"一千零一夜"，特别是"阿里巴巴和四十大盗"的故事在中国家喻户晓，今天世界最大的互联网公司之一，就是马云先生创办的"阿里巴巴"集团。

中华文明与亚洲其他文明交流互鉴的最好证明就是延续千年之久的丝绸之路。在那么艰苦的条件下，在那么漫长的历史长河中，亚洲国家通过丝绸之路进行了广泛的商业和文化交流：中国输出了丝绸、茶叶、火药、指南针等大量产品，而丝绸之路沿线各国则给中国带来了大量的异域文化和商品，中国今天的民族乐器，如琵琶、二胡等均来自中亚，唐朝人"胡服骑射"，使中国的服装从宽袍大袖变成了波斯风格的窄袖。丝绸之路还为中国从中亚和西亚带来了汗血马、玻璃、玛瑙等珍贵商品。中国今天提出的"一带一路"倡议某种意义上也是对古代丝绸之路的一种崇高敬意。丝绸之路交流互鉴的精神，至今还激励着亚洲各国人民建立合作共赢的伙伴关系。

历史进入近代后，事情起了变化，随着西方的崛起，西方国家发动了一场又一场的殖民战争，以征服整个非西方世界。不仅如此，他们还创造了一种话语，即西方世界代表了文明，非西方世界是非文明的，代表了某种"自然状态"，象征了愚昧、无知甚至野蛮。在这样的西方话语逻辑下，文明对野蛮的征服，就被解释为正当的，所以就有了 17 世纪美洲印第安民族的灭绝；就有了 18 世纪整个非洲大陆被西方殖民，如南非图图大主教所说，西方一只手给了我们《圣经》，另一只手拿走了我们的土地；就有了 19 世纪对亚洲的侵略，印度和中国成了最大的受害者。现在不怀偏见的人都认识到，正是在这种话语逻辑下，西方以血腥战争和话语忽悠，以"零和游戏"的逻辑，完成了自己的财富积累。

一个世纪前，中国哲人梁启超先生曾这样总结过中国的历史：中国历史大致可以分为三个阶段：第一阶段是"中国之中国"，即从黄帝时代到秦始皇，这大致上也是世界其他古文明存在的时间，但限于当时条件的制约，中国与其他古文明之间几乎没有什么交流；第二阶段是"亚洲之中国"，从秦始皇到 18 世纪，中国与外部有交流，有矛盾，有征战，也有融合，但这一切基本上局限于亚洲地区，上述的亚洲主要文明之间的交流互鉴大都属于这个时代；第三阶段是"世界之中国"，也就是 19 世纪以来，中国被西方列强强行打开国门，从此饱受战乱、国无宁日。

当然，梁启超之后的世界也变了，中国也变了。但是从某种意义上看，西方唯我独尊、损人利己、"零和游戏"的思维方式迄今也没有大的改变：西方主要国家还会以推动 "普世价值" 的名义，把自己的意志强加于人，推动所谓的 "颜色革命" 和 "阿拉伯之春"，甚至不惜发动战争，使许多国家和地区陷入动荡战乱，生灵涂炭。

同时，中国的迅速崛起正在深刻地影响世界政治经济秩序的演变。中华人民共和国成立后，短短一个甲子，中国发生了翻天覆地的变化，在这个意义上，"世界之中国" 亦可以分为前后两个部分。前一部分是长达一个世纪的中国被西方列强任意欺辱的历史；后一部分是经过上千万人的流血牺牲，中国真正获得民族独立后，开始了大规模社会主义建设，并在独立自主的基础上主动开放国门，与世界进行了大规模的良性互动，中国也因此而迅速崛起，震撼了世界。今天的中国，按照购买力平价计算，已经是世界上最大的经济体，中国已经创造了世界上最大的中产阶层，成为世界上最大的制造业国家、最大的贸易国，有着世界最大的外汇储备，中国在全球的影响力也全面上升。尽管仍然面临诸多挑战，但中国已经找到了自己全面复兴之路。

在这样一个新的历史起点上，中国的崛起具有了多重的意义。我也可以借用梁启超先生的 "三种中国" 的概念来描述今天的中国：中国在一个全新的基础上正同时演绎着 "三种中国" 的身份，即今天的中国既是 "中国之中国" 和 "亚洲之中国"，也是 "世界之中国"。

"中国之中国" 意味着随着中国的迅速崛起，我们比过去任何时候都更清楚我们从哪里来，我们走什么路，我们往哪里去。中国的崛起是一个"文明型国家"的崛起，即一个数千年没有中断的古老文明与一个超大型现代国家的崛起，它的政治、经济和社会模式在很多方面都与别人不一样，过去不一样，现在也与众不同，未来也还是自成体系的。它有超强的历史和文化底蕴，不会跟着别人亦步亦趋，它愿意借鉴别人的一切长处，但不会放弃自己的独特性，它只会沿着自己特有的轨迹和逻辑发展，并深刻地影响人类和世界未来的发展。

"亚洲之中国"意味着，我们比过去任何时候都认识到自己是亚洲的一部分，认识到自己和亚洲其他国家的文明长期交流互鉴的历史。作为人类主要文明的发源地，作为世界经济最具活力的地区，中国与亚洲其他文明之间的交流互鉴，就像亚洲国家历史上在丝绸之路所做的那样，也许可以引导人类文明走出西方文明唯我独尊、"零和游戏"的困境。

"世界之中国"意味着中国的命运已经和整个世界的命运息息相连，中国对世界的影响也会随着自己的进一步崛起而越来越大。世界由不同的文明组成，文明的力量是巨大的，如果这种力量走向分歧对抗，那将是人类的灾难，同样，如果它能够拥抱合作共赢，那就是人类的希望。亚洲国家应该携起手来，发扬丝绸之路交流互鉴的精神，让人类的希望战胜人类的灾难，而"世界之中国"将是这种努力的中坚力量。作为一个迅速崛起的世界大国，作为联合国安理会的常任理事国，中国将在国际舞台上更多地主持公道正义，更多地拒绝"零和游戏"，更多地推动世界不同文明的合作、共赢、和平、繁荣，为人类作出更大的贡献。在此过程中，中华文明兼容并蓄，多元融合的伟大历史传承，不仅可以继续造福中国，也可以为世界范围内避免不同文明的冲突提供有益的经验和智慧。

2016 年 3 月于博鳌论坛

中国做对了什么？

今天在开罗国际书展参加《中国震撼》阿拉伯文版的首发式，我感到非常高兴。首先要感谢本书的译者白鑫（艾哈迈德·赛义德）先生，感谢 Sama 出版社和五洲传播出版社，感谢所有为本书阿文版的出版付出努力的朋友。

今年1月正值"阿拉伯之春"五周年纪念，大家都在反思阿拉伯世界这5年来所经历的跌宕起伏。本书的译者特意把我5年前和福山先生的辩论也编入其中，那场辩论发生在"阿拉伯之春"爆发后不久。福山先生对我说，一场伟大的民主运动正席卷阿拉伯世界，中国也可能出现"阿拉伯之春"。我说，不会，不但不会，而且我认为"阿拉伯之春"本身可能不久将会变成"阿拉伯之冬"。今天谁的预测更为准确，我想是不言自明的。

实际上，中国也好，埃及也好，乃至对于整个非西方世界也好，一个国家的成功关键在于是否能够找到一条符合自己民情国情的发展道路，而非采用西方所谓的民主制度。对于一个非西方国家，特别是像中国和埃及这样的文明古国，成功的关键是要处理好三个问题，或者叫三重关系，中国在这方面总体上处理得比较好，所以国家迅速崛起，给整个世界带来了震撼。这三重关系是：一、现代化与本国文明传统的关系；二、现代化与本国现有政治制度的关系；三、本国与外部世界的关系，特别是与西方世界的关系。《中国震撼》这本书很大程度上就是探讨中国是如何处理这三重关系的。

首先，在现代化与传统的关系上，中国经历了一个曲折的过程。19 世纪中叶，英国发动鸦片战争强行打开了中国的大门，中国当时确实被西方强大的物质力量和军事力量所震撼了，导致很多中国人失去了对自己文明传统的自信，甚至产生了中国需要全盘西化的呼声。这方面最极端的例子，就是有人认为要废除中国的文字，因为汉字阻碍了中国的现代化，中国的文字要拉丁化才行。

但经过一个多世纪的探索，中国人已经看到，自己的文明传统其实是中国现代化事业的宝贵资源，我们可以自信地坚持中国文明本位，同时也汲取他人之长，与时俱进，最终实现中国的现代化，也就是符合中国民情国情的现代化、一种中国人喜欢的现代化。这意味着我们不仅要赶上西方，而且在许多领域内要实现对西方和西方模式的超越。

我可以以中国文字为例来说明这个问题。应该说，一个民族的语言文字是本民族文化的精神血脉，是民族认同的利器。

保持了汉语，就保持了中国文化的根。在我们国家现代化的进程中，汉语也不断地与时俱进，它汲取了其他文字的某些长处，从文体修辞到语法词汇，汉语都吸收了大量外国元素。白话文、简化字和汉语拼音等语言方面的创新，大大方便了汉语的学习和推广。

现在看来，今天的汉语一点也不落伍，反而它既十分传统又非常时尚，它能够翻译世界上所有人文和科学的著作，能够与现代科技完全兼容。在互联网为标志的高科技新媒体时代，它甚至展现出很多独特的优势：它有西方语言难以达到的简洁明快，它有西方语言难以达到的丰富形象，它有西方文化难以达到的文化底蕴。汉字紧凑的特点使之特别适合移动互联网时代的沟通：同样大小的手机屏幕，中文的信息量大概是英文的 1 到 2 倍，这也是移动互联网在中国迅速普及的主要原因之一。

更重要的是中国人的文化和信仰就蕴藏在自己的文字中。一个中国人，只要学会了中文，能够听说读写，能够使用一二百个成语，中国文化的基本元素就融化于他的血液中了，他就学会了许多做人做事的基本道理，如与人为善、自食其力、勤俭持家、尊老爱幼、好学不倦、自强不息、同舟共济等。这些中国文化传统元素已和中国现代化进程融为一体，这不仅使中国能以人类历史上闻所未闻的速度和规模崛起，而且使中国社会保持了比西方社会更多的温馨和更强的凝聚力。

第二，在与本国政治制度的关系方面，中国 1911 年辛亥革命后，推翻了原来的政治制度，照搬了美国的政治制度，但很快就出现了水土不服，中国最终陷入了一盘散沙、军阀混战的境地。1949 年中华人民共和国成立开始了中国社会主义制度建设的新时代。这个过程并非一帆风顺，但我们持续不断地探索，最终找到了一条基本符合中国民情国情的成功之路。

这里可以比较一下中国领导人邓小平和苏联领导人戈尔巴乔夫。邓小平比戈尔巴乔夫高明的地方在于：在西方吹嘘自己政治制度如何优越的时候，戈尔巴乔夫真的相信了，而邓小平说，不要吹牛，西方的制度有自己的许多问题，而中国的制度有自己的许多优势，特别是它能代表人民的整体利益，它能集中力量办大事，它能给百姓带来更多实实在在的利益。但邓小平也认为中国的制度存有自己的问题，需要汲取他人之长，需要与时俱进，需要通过改革而不断完善，中国在这方面的努力从未停止。

记得 1991 年前后，苏联解体、东欧崩溃的时候，整个西方世界欢呼西方政治制度胜利了，历史也因此而"终结"了，但当时邓小平则认为，中国的机会来了，中国证明自己政治制度优越性的机会来了。邓小平在苏联解体后不到一个月，就专门去中国的南方视察，呼吁中国一定要抓住这个难得的机遇，进一步改革开放，大幅度地加快中国崛起的步伐。

事实证明他是对的。一个政治制度的成功的最好检验，就是它为自己的人民提供了什么：今天的中国光是外汇储备一项就超过前社会主义国家经济规模的总和。中国大多数家庭在过去 20 多年里都经历了一场财富革命，中国今天每年的出境访问人次已经超过1.2亿，整个国家初步实现了全民医保、全民养老的制度安排。这和西方模式下，多数国家过去20多年人民生活水平毫无提高形成了鲜明的对照。当然，中国人也知道自己的制度和自己的工作仍存有不少问题，需要通过改革，才能做得更好。

中国政治制度的一个突出成就是在如何产生国家领导人方面，形成了比较行之有效的制度安排，其最大特征是选贤任能。中国的最高决策层的成员至少要担任过两任省一级的领导，至少要治理过一亿以上人口，在国家治理和为民谋利方面要有十分突出的政绩。这种选贤任能制度也可称为"选拔＋选举"的制度，这种制度安排既有中国自己的传统，又有对西方制度的某些借鉴，这是多种元素有机结合的一种制度创新，由此产生的领导人总体素质和水准，明显高于西方光是依靠大众选举产生的领导人。

中国今天的政治制度，无论是选拔人才的能力、民主决策的能力，还是战略规划的能力、纠正错误的能力等，总体上看，都比西方政治模式要强一些，甚至强很多。当然我们的制度在很多方面还可以完善，但它已经不害怕与西方所谓的民主模式进行竞争，实际上，我们非常欢迎这种竞争，竞争可以使我们的制度更为完善。

第三，与西方的关系。西方是率先实现现代化的国家，所以习惯了以自己的标准来看待整个世界，甚至有一种冲动，非要把自己的标准和模式强加于人。但今天中国人对世界的研究表明，照搬西方模式的非西方国家大都以失望、失败，乃至绝望而告终。

《中国震撼》这本书的副标题是"一个'文明型国家'的崛起"，它除了介绍中国在上述三个方面做对了什么，同时也把中国的崛起概括为一个"文明型国家"的崛起，即一个延续数千年而没有中断的古老文明与一个超大型的现代国家的崛起，这种文明型国家的崛起有自己的逻辑。

世界上很多人只会在西方话语中打转转，在"历史终结论"的逻辑下讨论中国，所以他们解读中国的发展永远是从所谓的"极权模式"走向"威权模式"，从"威权模式"走向西方"民主化"模式，但是实践证明这种逻辑是站不住脚的，它导致了对中国一个接一个的误判。一个"文明型国家"的崛起有其内在的逻辑。这个逻辑就是：中国历史上长期领先于西方。过去两千多年里，中国在大多数的时间内都是领先西方的，后来错过了工业革命，落伍了，现在又通过自己独特的发展模式迅速地赶了上来，并正在越来越多的方面超越西方和西方模式。我过去领先你的原因与我今天"赶超"你的原因之间几乎是相通的，是正向关系的。比方说，中国历史上长期领先西方的一个重要原因是，中国的官员是通过考试选拔的，而西方长期实行的是世袭制度。今天中国超越西方的进程中，新型的"选贤任能"制度发挥了关键的作用。

最后，再一次感谢开罗国际书展的盛情邀请，使我有机会第五次访问埃及这个伟大的国家，我也再一次感受到了埃及朋友和阿拉伯朋友的热情和友谊，感受到了他们对中国经验的强烈关注和浓厚兴趣。让我们一起努力，使这个世界变得更加和平、更加繁荣、更加美好！

谢谢大家！

2016 年 1 月于开罗书展

中国， 一个文明型国家的崛起

首先非常高兴，有机会到东南卫视，到《中国正在说》这个节目，来跟大家一起探讨这么一个重要的话题："中国，一个文明型国家的崛起。"

上个月我在欧洲，在比利时参加一个"思想者对话"，他们要我谈一谈中国模式的未来与西方，特别是中国模式可能产生的影响。大家知道，欧洲现在最大的问题是难民危机，我就从欧洲的难民危机开始说的。

5 年前，2011 年，"阿拉伯之春"爆发的时候，欧洲的媒体一片叫好，欧盟发表声明，支持这样的所谓民主运动，伟大的西方民主模式降临到了阿拉伯世界。但是 5 年过去了，2015 年，120 万中东难民逃离战乱、逃离战火、逃离崩溃的家园，逃到了欧洲，变成欧洲今天最大的一个政治问题，政坛被搅得昏天黑地，老百姓怨声载道。

同样的 2015 年，中国发生了什么？2015 年中国出境游，走出国门的人次是 1.2 亿，这说明了什么？说明中国已经创造了世界最大的中产阶层，说明西方模式在阿拉伯世界、非西方世界没有成功，而中国模式在中国取得了巨大的成功。欧洲人老说中国人权问题，中国人权情况每况愈下，怎么可能呢？这 1.2 亿出境的人次，99.999％都回到了中华人民共和国。他们为什么愿意回到一个照你们说人权每况愈下的国家，不可能的。英语叫作 the opposite is true（相反才是真的），他们一定是回到了一个人权进步最大的国家。

　　我又跟他们讲了另外一件事情，24 年前，也就是 1991 年前后，苏联解体、东欧崩溃，当时欧洲西方的媒体也是一片叫好，但是 24 年后，情况怎么样？我举个简单的例子，今天我们中国光是外汇储备这一项，这几乎是从无到有的，35 年前改革开放刚开始，我们外汇储备非常少，到 2014 年我们的外汇储备是 4 万亿美元，这是一个什么概念？就是几乎从无到有创造了这么大一块财富，它已经超过了整个独联体国家，加上中东欧前社会主义国家的经济总量之和。背后也说明一个简单道理，这些国家采用西方模式没有成功，至少用中国人的标准来看，大多很不成功，今天这些国家很多都在期待中国的帮助。相比之下，中国采用自己的发展模式，取得了巨大的成功。

　　最后，我比较了中国和美国的国运，真是叫三十年河东，三十年河西。用两个简单的数字来说明一下。一个是家庭净资产，中位水平的比较，30 多年前是不可想象的，中国怎么和美国比较，当时中国经济规模连美国的 1/10 都不到。但是 30 多年过去了，情况发生了巨大的变化，可以很自信地比一比。

如果看中国城镇家庭的话，和美国的差距，实际上就是 1 万美元左右，这还是 2010 年的水平，2010 年之后，中国的家庭净资产还在提高，而美国的情况不是这样。我没有把中国农村的家庭净资产列进去，为什么呢？因为我们现在统计当中，没有把农民兄弟事实上拥有的土地算进去，这对农民兄弟是不公平的。我想如果土地算进去的话，也可以跟美国比一比，这是翻天覆地的变化。而且今天中国的城镇人口已经是 7 个亿，是美国人口的两倍多了，所以跟美国是可以比的，这是第一个数据。

第二个数据就是，除了巨大的物质上的进步、人民生活水平的改善、财富的爆发性增长，老百姓对国家前途是乐观还是悲观？我借用的是美国最大的民调研究机构之一——皮尤研究中心在中国和其他主要国家做的民调。他们以数据表示，中国老百姓绝大多数对国家前途感到乐观，对自己前途感到乐观。所以我觉得，这是很重要的一个数据。

我们现在经常听到这样一种说法，就是我们经济总量增长非常快，GDP 超过日本，现在仅次于美国。但我们总是强调，我们还是一个发展中国家，人均 GDP 还是很低，排在世界 80 位左右。

我走了 100 多个国家，总觉得这个人均 GDP 有点不靠谱，比如非洲的赤道几内亚，人均 GDP 2 万多美元，早就超过北京、上海，但是其首都一半的居民连自来水都没有，我想我们的 GDP 统计方法，恐怕是有问题的，实际上也是有问题的。我们能不能形成新的比较方法，所以我和我的团队在做一个小小的研究，我们想用四个指标来得出一个新社会系数，这四个指标就是：中位家庭净资产、人均预期寿命、社会治安的水准、对国家对自己的前途是否乐观，这方面数据我们正在搜集。我们初步得出的结论是中国相当靠前。而中国的发达版块，更加靠前。我们用这个指标来比较上海和纽约，上海全面超越纽约。

这说明了什么，我有两种解读。第一种解读是我们的制度优势，也就是说，尽管人均 GDP 只有你的 1/4，但我社会指标比你好很多。背后的事实是，中国社会主义应该说已经成功了：创造了世界最大的经济体，如果根据购买力平价的话；创造了世界最大的中产阶层；创造了世界最大的出境游客流；创造了世界最大的外汇储备；我已经基本实现了全民医保、全民养老，这个美国到现在还没有做到，我们比美国做得好。尽管这个过程中，还有不少问题要解决。

第二种解读就是除了确实有制度优势外，我们 GDP 的统计方法低估了中国自己的经济规模。我建议做一个试验，用与美国一样的方法，把美国人算进去而我们不算的内容统统都算进去，重新计算一下我们某个省或者某个县的 GDP，然后再来进行国际比较，哪个会比较靠谱。

中国的成功背后是中国模式的成功，怎么来概括中国模式？如果要我用非常简单的话来概括中国模式，那就是：在经济方面，是混合经济，我们叫社会主义市场经济。这个模式创造了中国奇迹，创造了世界最大的中产阶级，创造了世界最高的持续时间最长的增长率。而且特别重要的是，过去 20 多年，不管中国存在多少问题，中国恐怕是世界上唯一没有经历过西方意义上的金融危机、财政危机、经济危机的国家。

在社会领域，我们的模式跟美国模式的最大差别在于，美国模式强调社会与国家的对抗，而我们的模式强调社会与国家高度的良性互动。

在政治领域，我把美国模式叫作"选举"模式，把中国这个模式叫"选拔＋选举"模式，或者叫"选贤任能"模式，特别在产生国家领导人方面。中国的最高执政团队——政治局常委，起码的要求：两任省委书记。也就是说，你至少治理过 1 亿多的人口，而且要有政绩，才可能进入中国最高的决策团队，否则是不可能的。

我把中国的崛起叫作一个"文明型国家"的崛起，"文明型国家"是很重要的一个概念。简单地说，"文明型国家"指的是一个历史从来没有中断的古老文明和一个超大型的现代国家叠合在一起的国家，这就是中国国家的最大特质。

超大型的文明型国家有四个特征，我叫"四超"：超大型的人口规模，超广阔的疆域国土，超悠久的历史传统，超丰富的文化积淀。

我们现在都习惯了说中国是世界上人口最多的国家，实际上你走遍世界，发觉这不是一般的多。举一个很简单的例子，很多人没有想过，我们每年的春运，基本上 30 多亿人次。我做了简单的计算，大概是等于把整个北美洲、南美洲、日本、俄罗斯、欧盟 28 国、非洲的人口加在一起，一个月里面，从一个地方挪到另外一个地方。对中国这样的国家治理来说，这是一个巨大的挑战。要处理好春运，实际上是很不容易的，没有中国这个体制，还处理不好，处理不好老百姓就要骂。但同时我们一定要知道，这种巨大的人口挑战，也是中国巨大的机遇。实际上任何一个在中国做投资的，包括中国自己的公司，在中国做到最大，可能就是世界最大的。

此外，中国这么超大型的国家，就要克服超大型的困难，一旦克服了超大型的困难，一定是超越别人的。我们讲超广阔的疆域国土也是一样，中国是一个"洲"的概念，飞机飞 3 个小时，还在中华人民共和国境内，我们有地缘优势、地缘政治优势、地缘经济优势，这种优势使你有一种战略纵深，一般国家很难想象的。我们现在可以做"一带一路"，因为我们周边国家最大的贸易伙伴几乎都是中国。

超悠久的历史传统也是，中国任何一个知识体系，或者说文化传统等，都是数千年的历史。我们研究中国政治，就要了解中国政治文化的传统。比方说我们的传统非常强调"民本主义"，"民为邦本，本固邦宁"，就是政府做的一切，最终必须落实到改善老百姓方方面面的生活。这个传统在中国是一以贯之的。今天我们通过改革开放，更加体现了这一点，"两个一百年"也好，全面小康也好，实际上都是这个传统的延续。

还有超丰富的文化积淀。我老讲"一出国，就爱国"，中国人的爱国首先从味蕾开始，这就是餐饮文化的影响，一到国外，就发现国外吃得太单调了，我们的留学生一出国就开始怀念大学的食堂。

中国文明型国家，我用另外一个概念，叫作"百国之合"，就是成百上千个国家，在中国历史上慢慢整合起来的。像我们苏浙一带，过去江苏是吴国，浙江是越国，后来越国灭掉了吴国，楚国又灭掉了越国，最后秦国又把楚国也灭掉了。所以中国的历史，是这样成百上千个国家，慢慢整合起来的。中国的政治传统就是统一的执政集团，历来是这样的，否则国家就要解体。我们在相当长的时间里，是统一的儒家执政集团执政。

很多美国人搞不懂这一点，说你们怎么老是一党制，我说如果一定要套用一党制、多党制的话，我们过去两千多年，大部分时间都是"一党制"，都是统一的执政集团，否则这个国家早就四分五裂了。但是从秦始皇之后开始，哪怕中国分裂了，大家都追求统一。在中国搞分裂是极不得人心的。这样一讲，很多外国人或多或少理解了。更重要的是过去两千多年，我们在多数时间里，3/4的时间里，是远远领先欧洲的。

英国著名的历史学家、剑桥大学教授李约瑟，专门研究中国古代的科技发明，他最后得出结论说，怎么能说中国是数千年专制，怎么可能呢？如果是数千年专制的话，为什么在这么多的领域内，在这么漫长的历史长河中，中国的科技发明都远远地领先欧洲？

我们可以比较一下郑和下西洋时候的主力舰和哥伦布发现美洲大陆的"圣玛利亚号"，按排水量，郑和的主力舰比它大100倍。郑和下西洋，是2.5万人的船队，当时中国的工业能力及其背后的经济发展水平比欧洲国家高很多。

最后，我想通过一个案例来比较一下两种政治制度及其产生的影响。一个是中国台湾的政治制度，它是照搬美国、照搬西方的制度；一个是中国大陆的政治制度，比较一下这两种制度的绩效。

我第一次去台湾地区是1996年，当时台湾地区想从桃园机场建一条地铁，他们叫捷运，通到台北市中心，51千米。从1996年到现在2016年，20年过去了，还没有建完。而这20年间，中国大陆发生了什么变化？我说是翻天覆地的变化。我们建了世界上最大的高速公路网，建了世界最大最好的高铁网，建了世界最大规模的地铁，上海的地铁从0千米到688千米，是世界城市中最长的地铁。

我们承认我们的工作有失误、有问题，但是我们的成绩远远超过我们的问题。这一点我们一定要加以充分肯定。我们可以先肯定自己的成绩，再自信地解决存在的问题。在制度绩效落差如此之大的事实面前，有一些人还是认为中国台湾的政治制度代表了中华民族的未来，只能说这些人，缺少起码的实事求是。

　　最后就是我的主要结论，如果照西方话语，那么一个国家的演变，从极权主义到威权主义，到西方的民主化，这就是所谓的"历史终结论"。历史发展是单线条的，最终到西方模式终结了。我说一个文明型国家的崛起，它有它自己的逻辑，跟西方这个逻辑是不一样的。

　　基本的道理就是说，历史上我们是领先的，长期领先，这个领先是有其重要原因的，我把它叫作原因一。19世纪开始我们落后了，有深刻的教训。现在60多年过去了，我们又迅速地赶超上来，做得相当不错，这种赶超的成功，也有深刻的原因，我叫原因二。而原因二和原因一之间，是一种继承和发展的关系。比方说我们过去领先，一个重要原因是我们强调民本思想，政治机器不能空转，政府要努力改善百姓生活，包括物质生活和精神生活等，我觉得这是中国很大的一个优势。今天的中国还是民本主义的传统。

　　再比方说，我们的官员产生方法，过去是科举制度，从隋朝开始，通过科举考试，有教无类，官至宰相都可以，欧洲则一直靠世袭，到了19世纪才从中国引入了文官考试制度。我们今天的选贤任能系统，就是这个传统的延续和发展，今天中国赶超西方成功的原因也在其中。

　　背后是两种哲学思想，一种是历史单线的发展，到西方模式终结了；另外一种是，历史上各种模式，从来就是百花齐放、互相竞争的，互相参照、互相学习，甚至有时候互相打架，你这个模式即使过去很好，但你骄傲自满，你就会停滞、就会落后，其他模式就会赶上来，历史进程是动态的。

我比较喜欢说七个字：中国人，你要自信！把不自信的帽子送给我们的对手。今天我们在座的绝大部分都是年轻人，可能是"80后"、"90后"为主，所以我想再加一句话：中国年轻人，你更要自信！为什么？因为中国的崛起，是一个文明型国家的崛起。这种崛起以及它所带来的机会，它的深度、广度、力度、厚度、强度，都是整个人类历史上从来没有见到过的。只要你努力，只要你奋斗，就一定能够梦想成真。谢谢大家！

2016 年 9 月于东南卫视《中国正在说》节目

中国崛起与文明型国家的逻辑

我今天演讲的主题是"中国崛起与文明型国家的逻辑"。

我觉得，中国的崛起要在国际比较中才能看得更清楚。我们可以把世界上的国家分成三大类：第一类是发展中国家，第二类是转型经济国家，第三类是西方国家。把过去35年的中国和这些国家进行比较之后，我们就可以得出一些结论。

第一，与发展中国家相比，中国取得的成绩超过了其他发展中国家的总和。发展中国家最大的挑战是消除贫困。过去30多年，按照联合国的统计，世界贫困人口的70％左右是在中国消除的。把印度、埃及、巴西、南非这些大的发展中国家的成绩加在一起，也没有中国的成绩大。现在我们国家提高了扶贫标准，贫困人口又增加了很多。但是从国际比较来看，实事求是地看，不是光看现金收入，而是看收入加财产，中国是世界上为数不多经历过土地改革的国家，我们的农民有地、有房子，如果把这些都算进去的话，我们贫困地区的很多农民到印度或者埃及去，怎么都属于中产阶级。

第二，与转型经济国家，特别是苏联、东欧、中亚这些前社会主义国家进行比较。基本结论也是一样的——我们整体取得的成绩超过这些国家成绩的总和。一个简单的数据就是，我们的经济在前30年，从1978年到2009年，增加了18倍。相同时期内，俄罗斯和东欧、中亚国家基本上是1倍。改革开放前，苏联经济规模比我们大，现在俄罗斯的经济规模只有我们的1/5，而且俄罗斯的产业结构和苏联时期相比，没有太大的变化，主要还是靠能源和军工，而中国从无到有，从弱到强，形成了大量的新兴产业。

第三，与西方国家比较。我们国内很多人会说，中国和西方国家差距还很大。我本人在西方生活了20多年，回到上海已经两年了。我经常进行比较。实际上有很多地方我们走在他们的前面了。就拿上海和纽约作比较。上海的硬件已经全面超越纽约了，无论是机场、港口、码头、高铁、地铁，完全是不同时代的作品。软件方面也可以比。比方说人均寿命，上海比纽约高4岁；我们城市的治安，比纽约好很多倍；婴儿死亡率也比纽约低。实际上，我们整个发达版块，人口已经与美国相当，完全可以和西方国家比一比。我不是说我们各个方面都很好。我们还有很多问题，但是今天的中国确实已经没有必要仰视西方了，我们应该平视西方，当然也没有必要俯视。我们一些地方不如人家，但在很多地方做得比人家好了，甚至好很多。这给我们带来了自信。

对于中国经济实力，我建议用另一种方法来解读。我是做政治学的，我从政治角度谈谈自己的看法。我建议用三种办法来解读中国实力。一是把中国分成两大块，一个叫"发达国家版块"，或者叫"准发达国家版块"，一个叫"新兴经济体版块"，这两个版块之间形成了高度良性的互补和互动。我觉得这是中国迅速崛起的一个关键。

二是用购买力平价的方法。很多学者都引用了安格斯·麦迪森（Angus Maddison）的统计。我们现在官方正式的汇率统计是，2010年中国经济规模超过了日本。但是照麦迪森的算法，用购买力平价来统计，实际上在1992年中国经济规模就赶上了日本。所以他当时预测，到2015年，中国经济规模应该超过美国。现在主要的国际组织，包括世界银行、国际货币基金组织，几乎都持类似的观点，就是按照购买力平价来算，中国经济规模不久就可以超过美国。如果不是按照购买力平价，而是按照官方汇率的方法，那么10年之内，中国经济规模应该超过美国。

三要看中国人的住房。这个太重要了。尽管今天中国国内的老百姓对房价有很多抱怨，但事实上，多数中国人已经经历了一场财富革命，因为他们大多有自己的房子。中国今天的住房自有率在85％左右。现在很多年轻人买不起房子，但他们的父母几乎都有房子，独生子女政策意味着这些房子以后也要传给他们，所以在这个意义上他们也不是穷人了。和其他问题一样，在住房问题上，我主张先肯定，再改进，也就是先肯定自己的成绩，再来自信地解决存在的问题，中国的问题都说得清楚，中国的问题都有解。我在上海经常坐出租车，跟出租司机聊天，40岁以上的几乎都有房子，我估算他们人均拥有1.5套房子，他们的净资产至少有200万人民币，甚至300万，比50%的美国人富有，也比50%的欧洲人富有，但他们还认为自己是弱势群体。总之，如果把中国人的房产算进去的话，许多关于中国的排名都要发生巨大的变化。

中国是一个"文明型国家"。什么是"文明型国家"？就是一个5000年延续不断的古老文明，和一个超大型的现代国家结合在一起的国家。这样的国家，世界上只有中国一个。我们讲古埃及文明、古印度文明、两河流域文明，他们都中断了。今天的埃及人和古埃及文明没有任何关系，今天的埃及人是后来移民过来的，与古埃及人没有任何血缘关系，语言文字也不一样。而中国人都是中国自己土地上的原住民。

用一个不太准确的比方，就好像是罗马帝国，它没有解体，一直到今天。还可以用另外一个概念，叫"百国之合"，就是成百上千个国家慢慢整合起来的。我甚至有这么一个观察，我们内地三座典型城市的人群，上海人、北京人、广州人，他们的思维方式和生活方式的差别恐怕要大于典型的英国人、德国人、法国人之间的差别。但是我们在一个文明下生活了数千年，这种差异变成了一种精彩，大家可以就互相的差异开玩笑。

文明型国家主要有几个特征。第一是超大型的人口规模。我们有的时候习惯了"中国世界上人口最多"这种说法。但仔细再想想，这不是一般的多。我们每年都有春运，2013 年的春运有 31 亿人次，人口压力是中国面临的巨大挑战，同时也是中国巨大的机遇。做产业的人知道，在中国做到最大，你在世界上就可能是最大的，海阔凭鱼跃，天高任鸟飞，什么奇迹都可能创造。

第二是超广阔的疆域国土。它是一个洲的概念。我们现在的劳动密集型产业，在一般的国家，劳动力工资提高了，产业就转移出去了。但在中国，首先是转移到内地，内地的基础也很好，所以现在内地某种意义上正在重复过去沿海地区的增长奇迹，进步很快，不少地方已经在考虑"弯道超车"了。

第三是超悠久的历史传统。就是中国的任何东西都有很强的传统。不说这个传统是好还是坏，传统是个中性的概念。如果真有缺点的话，大概也是一个趋利避害的问题。要与传统一刀两断太困难了。比如说我们现在讲经济，中国政府在经济中的作用可以追溯数千年，我们可以追溯到西汉的《盐铁论》，政府对铁和盐的税收等问题，可以追溯到夏朝，四千年前的大禹治水。人民对政府的期待和一般的西方国家是不一样的，政府在经济中一直发挥着比较重要的作用。

第四是超丰富的文化积淀。中国的文化丰富性在世界上是少有的。因为今天在香港特区，我就以粤菜为例。我在欧洲待了 20 多年，欧洲最好的菜是法国菜，其次是意大利菜。我们中国是八大菜系，八大菜系中任何一个菜系拿出来，都比法国菜要丰富，八大菜系是"百国之合"的产物，而法国菜主要是法兰西一个民族国家的产物。其实，中国文化的方方面面都是这样丰富的。过去我们穷，不容易感受到自己文化的丰富和精彩。现在富裕起来了，可以感受到了。比如说上海周围那些江南小镇，一个个都是上千年的历史，这是丰富精彩的财富。

第五是独特的语言。基辛格在《论中国》这本书里也讲到，中国人使用的这种语言，还是 3 500 年前由甲骨文延伸过来的。甲骨文是什么概念？是比古希腊语早 1 000 多年，比古罗马拉丁语早 1 500 多年的语言。这个语言，它的结构，到现在还基本上是一样的，而古希腊语和古罗马拉丁语早已是死去的语言。中文中"孝敬"的"孝"，在甲骨文里的写法就是"老子"在上面，"儿子"在下面。你说这是好还是坏？这不是价值判断，而是传统的一部分。

第六是独特的社会。西方总是在说，社会发展了，社会就要和政府对抗、和国家对抗。但中国不是这样的。中国是"家国同构"的社会。国家是最大的家。所以我估计中国发展趋势是社会与国家的高度良性互动，而不是对抗，这种趋势已经出现了。

第七是独特的经济。我引用史正富教授的观点：一个战略型的中央政府，一个竞争型的地方政府，加上竞争型的企业，这三者合在一起，形成了三维经济，或者叫混合经济。还有一点特别要强调的是，政府能够进行中长期的规划。我们关心中国经济的话，都会关心五年计划的制定，关心中央每年的经济工作会议。这是体制化的、新型的民主决策机制，经过成千上万次的上上下下的磋商，这种民主决策的质量西方远远比不上，这一点我们可以非常自信。

第八是独特的政治。我要多花一点时间来谈一下这个问题。西方现在对中国的批评，主要就是民主与专制，它用这个范式，就是说不是民主就是专制。但这遇到很大的困境。它的预设就是，民主是好的，专制是坏的，而民主是什么，只能由西方来界定。但是世界上采用了西方民主制度而搞得一团糟的国家比比皆是。所以我说，如果一定要把世界上的国家分成两类，那么只有两种，不是民主与专制，而是良政与劣政。良政可以是西方的模式，西方有为数不多的国家治理还是可以的，而相当多的也没有治理好，否则不会陷入如此严重的金融危机和债务危机。良政也可以是非西方的制度。我们虽然有很多问题，但是整体的治理水平远远超过很多国家。同样，劣政也可以是西方模式。这一点非常重要。从伊拉克、海地、阿富汗，到现在破产的希腊、冰岛等，都没有治理好。劣政也可以是非西方的制度，如缅甸等。

还有一个问题就是政权合法性的问题，西方总是强调，你们不是多党制，不是一人一票选出来的，就没有合法性。我说这个观点太浅薄了。中国政权形成合法性的时候，美国根本不存在，英国都不存在。中国政权合法性的论述核心是两个概念，一个是民心向背，一个是选贤任能。民心向背是一种长远的眼光。民意如流水，但民心大如天，民意可以变来变去，但民心是一个相对稳定的东西，是一个国家整体和长远的利益。

十八大期间，《纽约时报》约我写一个评论谈谈十八大。我就写了一篇《中国的选贤任能优于西式民主》，大家从网上可以找到。我说你看一下中国的政治局常委的履历，至少两任省委书记。我们一个省是欧洲四五个国家的规模。你要治理好之后才有可能拿到"入场券"，还不一定真能进。习近平在三个省（直辖市）做过最高负责人，他管过的人口，大约 1 亿 2 千万；管过的经济规模大约等于印度。在这样的经历之后，他才进入政治局常委，然后又给他 5 年的时间熟悉全国的政治、经济、军事、社会事务，然后再成为一把手。这是世界上最具有竞争性的政治模式，一种选贤任能的模式，也就是 meritocracy。所以我说，我们现在这个制度水平不害怕和美国竞争，就像现在的上海，一点都不害怕和纽约竞争。我们有我们的问题，但你的问题不比我少，我们欢迎政治制度的竞争。

还有就是一党执政。很多人说，中国怎么总是一党执政？他们搞不懂这个情况。我们这个党，名字叫"党"，但和西方的"党"完全不同。西方的政党理论说简单是非常简单的，就是社会由不同的利益集团组成，利益集团有自己的代表，这就是多党制的起源，然后通过票决制，你 51％我 49％，你就赢了。中国历史不是这样的传承。我们可以说，两千多年的大部分时间里，都是统一的儒家执政集团执政。一个"百国之合"的超大型的国家，它的中央政府不可能只代表部分人的利益。如果它像西方政党那样只代表部分人的利益，中国人民一定会抛弃这个政府。历史上的儒家执政集团，它也是代表国家整体利益的，它可以是真正地代表，也可能不是真正地代表，但它也要说它是真正地代表。像西方政党那样，公开说只代表部分人利益，在中国是行不通的。如果一定要套用一党制话语的话，那么过去两千多年里，至少 95％ 的时间里，中国都是一党制，而其中 3/4 的时间里——这也是国际上多数学者公认的——中国比欧洲要先进。工业革命之后我们落后了，现在又真正地赶上来了。

中国崛起会产生很多的影响。我认为会形成一种新的范式变化，就是良政和劣政这一范式将代替民主与专制这一范式，因为后者解释不了这个复杂的世界。第二，中国消除贫困的模式会影响整个世界。第三，中国的成功会激励越来越多的国家去探索自己的发展道路，我觉得这是非常重要的。

对中国未来的预测，我也是非常乐观的。过去 30 多年，悲观主义的预测都错了。有很多原因，主要是意识形态的偏见，放弃不了"历史终结论"的意识形态。我认为，10 年之后，中国将成为世界最大的经济体。这个好像现在已经没有什么异议了。有人说，成了世界最大经济体也没有什么了不起，中国的人口是美国的 4 倍，照人均 GDP 一算，也就是美国的 1/4。但我觉得这样看问题，恐怕不太懂政治。关键的关键，一个是经济总量、综合国力的变化，这是改变世界格局的；另一个情况是，我估计到那时候，中国中产阶级的人数应该是美国人口的 2 倍。我用一个美国人也可以接受的经济标准来界定中产阶级——因为世界上关于中产阶级没有统一的标准——我的经济标准就是一份相对稳定的工作，加一套产权房，包括所有的"房奴"，因为美国、欧洲的"房奴"比例比中国还要高。我估计到那个时候，中国中产阶级的人数大概是 6 亿多，而美国人口是 3 亿多。所以这个时候情况将出现巨大的变化。西方今天还不愿意承认中国的发展模式，不愿意承认 1949 年中华人民共和国成立的意义，不愿意承认中国共产党的作用，这些都没有关系。我们有耐心。但 10 年之后，你还是不承认的话，那就解释不了中国的巨大成功。说句老实话，那个时候我们根本不在乎你是否承认，其实我们现在也不在乎你承认不承认。

最后，世界秩序将从纵向逐步转为横向，所谓纵向秩序，就是说西方在上面，其他国家在下面。这个在上面包括财富和思想。所谓横向秩序，就是大家开始平起平坐，在财富和思想上都是这样。

这里还顺便要谈几个问题，一个是腐败问题。中国腐败问题确实比过去严重。但是我们要注意中国是在财富爆发性增长的情况下，监管一时跟不上，这是一个过渡性、阶段性的问题。历史上没有一个大国，避免过这样的情况。包括中国香港这样的社会，过去也没有避免这样的情况。但即使这样，和现在可以比的国家，如巴西、印度、俄罗斯、乌克兰等，他们的腐败情况都比中国严重。而且中国是一个超大型国家，我们可以分版块进行比较，我在意大利做过访问学者，意大利腐败肯定比上海严重。

　　还有所谓普世价值的问题。由于文化传统不一样，同样的价值，一个民族对它的重视程度和优先顺序是不一样的。在东亚，民调显示人们在各种价值中，普遍把"社会秩序"放在第一位。在美国，"言论自由"排在第一位。但是我去过美国很多次，美国是一个讲"政治正确"的国家。讲"政治正确"的国家怎么会有真正的言论自由呢？我很好奇。

　　还有就是中国民众对国家发展方向总体上满意度很高。我们现在看到网上有些文章，有的媒体天天恨不得说中国要亡国、国家要解体，但你只要找出世界上任何一个社会学上可以成立的民调，如皮尤中心的民调、盖洛普的民调、台湾大学的民调，或者是国内做得最大的零点公司的民调，过去十几年情况都是一样的：第一，中国人是世界上对前途最乐观的，最低的时候也有75％的人对前途乐观；第二，中国中央政府在自己国家里威望很高，在世界上大概是最高的。从国家治理的角度看，这种态度给中央政府以巨大的回旋余地。

　　最后以一个小故事来结束我的发言。十八大前夕，BBC采访我，这个记者比较资深、比较傲慢，她的第一个问题就是，张教授，你认为中共还会有十九大吗？我说，你们有没有想过，你们对中国的政治预测为什么老是出错？我都想不起来哪次是对的。我说，我自己订阅你们《经济学人》杂志有15年了，如果叫我打分的话，关于中国的政治预测，它只能拿C-。就这么个水平，预测了半天还不如我一个人预测得准。我说你最好花时间研究一下中国历史，四千年朝代史。中国的一个"好朝代"的寿命至少250年，比美国历史都长。所以中国今天的崛起，还是崛起的初级阶段，更精彩的故事还在后面。

最后向大家推荐一个网站，叫《观察者网》，我个人认为这是目前中国最好的时政网站。

谢谢大家！

2013 年 12 月于香港"光大·世纪中国论坛"

"一带一路"： 千年未有之大变局

中国的崛起是一个"文明型国家"的崛起，具有"四超"的特点，即超大型的人口规模、超广阔的疆域国土、超悠久的历史传统、超丰富的文化积淀。这"四超"的共通之处是他们都融"传统"与"现代"为一体。我在 6 年前出版的《中国震撼：一个"文明型国家"的崛起》一书中提出一个观点："如果说一个半世纪前，西方染指中国，给中国带来了'千年未有之大变局'，那么世界可能正在目睹，并且将继续目睹中国崛起给西方、给整个世界带来的'千年未有之大变局'。"这种景象正通过中国人"一带一路"的伟大创举而日益清晰地展示在我们面前。

与一个半世纪前"大变局"不同的是：当时西方列强带给中国人民的是血与火，是大量痛苦悲惨的记忆，而今天中国给世界带去的是合作共赢，是迈向人类命运共同体的实质性创举。如果说第二次世界大战后，法、德等国于 1951 年达成的"煤钢联营"通过把煤炭和钢铁的生产绑在一起，结束了欧洲主要国家之间连绵不断的战争历史，从而深刻改变了整个欧洲的政治、经济和社会格局，那么中国推出的"一带一路"创举正通过国与国的互联互通，特别是政策沟通、设施联通、贸易畅通、资金流通、民心相通，改变着整个世界的经济格局，并将产生比欧洲当年"煤钢联营"更为深远的政治、经济和社会影响。

"一带一路"创举某种意义上正在重塑这个世界，这很大程度上是由中国文明型国家的"四超"特点所决定的。中国超大型的人口规模意味着，中国崛起具有超级的规模效应，这为"一带一路"提供了强大的物质条件。中国的人口大约是两个欧洲之和，中国每年培养的工程师数量超过美国、日本、德国的总和。按照购买力平价，中国已经是世界最大的经济体，中国对世界经济增长的贡献已是美国的2倍，中国形成了世界最大的中产阶层，中国是近130个国家的最大贸易伙伴，中国具有全球最完整的产业链，中国向世界输出最多的游客，中国拥有世界最大的外汇储备，并正在迅速成为世界最大的消费市场和最大的对外投资国。这一切为中国"一带一路"重塑全球化提供了最重要的物质条件。

中国超广阔的疆域国土意味着中国是一个洲的概念，具有一般国家难以比拟的地缘文明优势，具有其他国家难以企及的地缘文明辐射力。中国既是大陆国家，又是海洋国家。自15、16世纪欧洲所谓的"地理大发现"以来，西方力量上升，海洋文明和海权的重要性压倒了大陆文明和陆权。以大陆文明为特征的古代丝绸之路走衰直至消失。迄今为止，全球产业链几乎都是沿着海岸线配置，导致了内陆国家和地区的普遍衰落。现在以"一带一路"创举为载体，推动互联互通和要素流动，中国内陆和许多内陆国家从商贸开放的后方一跃成为前沿。例如，欧亚班列使中国的新疆、四川乃至整个中东欧版块都成了世界商贸开放的前沿。在这个意义上，"一带一路"正在纠正过去四五百年所形成的海洋文明对大陆文明的主导。

如果说从"地理大发现"开始的海上文明影响了世界四五百年，带来了整个西方世界的崛起，那么"一带一路"创举开启了一个海、陆文明再平衡的进程，它可能为很多国家和地区带来大量的发展机遇和长期的增长期。在一个更广的意义上，"一带一路"可能推动建构一种新的地缘文明，即超越传统地缘政治和地缘经济的逻辑，不是以邻为壑，而是合作共赢。当然，这需要一个长期互利合作的过程才能完成。

中国超悠久的历史传统意味着中国自己就是其漫长历史进程中"百国之合"的产物，它有极为丰富的历史传统资源来塑造新型的全球化。比方说，与西方历史上上千年的宗教战争和冲突不同，中国历史上鲜有宗教战争，儒释道形成了兼容并蓄的关系。中国宗教有非政治化的伟大传承，这些都为今天的全球治理、处理不同文明关系、处理宗教极端主义提供了宝贵的传统资源。中国历史传统中几乎没有贸易战争，这意味着中国拥抱经济全球化是有历史基因的；中国历史上几乎没有种族战争，这意味着中国人对于其他民族和其他国家更为尊重，这一切意味着中国可以为世界提供更为中性的公共产品，在国际事务中也更能主持公道。这在中国与非洲的关系中得到了很好的体现。过去非洲国家之间的航空联系，大都要经过欧洲国家中转，这是欧洲殖民主义体系以自我为中心所遗留下来的非洲航空秩序，但中国正在帮助非洲国家内部建设现代交通网，包括高速公路网、高速铁路网和区域航空网。西方媒体散布的"中国正在非洲搞殖民主义"的谣言也因此而不攻自破。

中国超丰富的文化积淀，包括中国传统文化与中国模式交织所形成的许多中国理念，如民本主义、和而不同、合作共赢等已经成为引领"一带一路"的核心理念。"民本主义"意味着"一带一路"高度重视改善民生，政治要落实到民生方方面面的改善，"一带一路"所提倡的"要致富，先修路"就是中国民本主义理念和实践的产物。"和而不同"意味着在"一带一路"建设过程中，要尊重不同文明和不同国家的文化传统和制度安排，寸有所长，尺有所短，各国取长补短才是人间正道。在这个意义上，"一带一路"提倡文明对话和民心相通，提倡不同发展规划的沟通和对接，而不是互相替代，代表了未来国际合作的方向。"合作共赢"背后是中国文化中"推己及人""共生共容""同舟共济""己欲立而立人，己欲达而达人"的伟大传承，它集中体现在"一带一路"所坚持的"共商、共建、共享"原则之中。

总之，"一带一路"创举正在改变世界，正在开创和引领一种新型的全球化，正在给中国人民和世界人民带来实实在在的福祉。在这个意义上，崛起的中国正在为人类作出越来越大的贡献。

2017 年 5 月于中国首届"思想者论坛"

问：在谈论中国崛起的时候，经常听到"前三十年"与"后三十年"的关系，应该如何看待两者的关系？

答：在两个三十年都生活过的人可以感觉到，这两个三十年有巨大的差别，但两个三十年确实有非常重要的正向关系，特别是从中国崛起的大背景来看。记得一位企业家曾这样说过，前三十年有点像"拆迁"，后三十年有点像"盖房"。没有前三十年所做的事情，就不可能有后三十年的腾飞。比较一下中国和印度，就可以看得更清楚。我对印度崛起不是十分乐观，一个重要原因是印度没有进行过真正的土地改革、妇女解放，也没有进行过废除种姓制度的社会革命，没有这一切，印度怎么可能实现现代化？怎么可能真正崛起？20世纪50年代的时候，中印发展水平差不多，印度可能还比中国好一些。但今天印度的经济规模连中国的1/5都不到，人均预期寿命比中国低10岁，孟买比上海落后至少四十年。总之，中国前三十年完成的社会革命、制度建设、经济建设等，尽管代价不小，但还是为我们今天重返世界之巅奠定了难能可贵的基础。

问：听了您的讲座很受鼓舞，自己也有同感，国家正在迅速地崛起，百姓生活水平迅速提高，但为什么还有这么多人在网上骂自己的国家？

答：林子大了，什么鸟都有，但你可以藐视这些人，有些公知和网络大 V，唯恐天下不乱，新媒体的出现放大了他们的声音。他们代表的是西方话语和西方利益，而西方和西方模式正在全面走下坡，所以他们的影响力也在跟着走下坡，"公知"这个词在中国迅速变成贬义词大概可以印证这一点。我能看到的大数据和靠谱的民调都证明：中国人对自己的前途、对国家的前途都是世界上最乐观的。皮尤中心的民调、益普索的民调、亚洲动态的民调、中国零点公司的民调，结论几乎是一致的：世界上中国人对自己国家的前途最乐观。那些天天骂中国的人拿不出哪怕一个社会学上可以成立的民调来证明多数中国人认同他们的观点。中国虽然存在很多的问题，每天都有各种各样的负面新闻，但我相信每一条负面新闻后面都有十条正面的新闻，这才是一个真实的中国，一个大数据可以说明的中国，一个总体进步非常之快但问题也不少的中国。关键是中国所有的问题都说得清楚，所有的问题都有解。

问：中国重返世界之巅，国际社会能够接受吗？

答：你是指西方社会能够接受吗？"国际社会"这个概念经常被人误用。其实，世界上多数国家是欢迎中国崛起的。道理很简单：

中国今天对世界经济增长的贡献率每年都在 30％以上，大约是美国的两倍，而且中国一直主张合作共赢，这与西方主张的"零和游戏"完全不同，世界上多数国家和多数人民都是中国崛起的受益者。中国重返世界之巅是一种事实描述，中国历史上是世界最先进的国家和最大的经济体，后来由于种种原因落伍了，经过百年奋斗又重新崛起，这种崛起已经震撼了世界。其实你不想震撼别人，也要震撼别人，因为中国的体量太大了，论人口，大约等于两个欧洲之和，所以中国的崛起是一定会改变世界未来发展格局的。其实，这种局面已经出现了，我们的"一带一路"倡议的国际影响力就是一个很好的例子。我们不必在乎别人是否接受中国的崛起，西方崛起的时候问过我们吗？没有。中国崛起了，一些国家会很难接受，现在的日本和美国就是这样的情况。相比之下，欧洲似乎已经或多或少地接受中国崛起。那些不愿意接受的国家，迟早也会改变态度，中国话叫作"形势比人强"。更何况中国是和平的崛起，与西方历史上通过战争和掠夺而崛起完全不一样，中国重返世界之巅已经并将继续为世界提供越来越多的公共产品和实质利益。

问：您非常强调领袖人物在历史进程中的作用，但也有学者认为制度安排比领袖更为重要？

答：我认为两者并不矛盾。领袖人物在历史进程中的作用非常重要，世界各国的历史都证明这一点，美国今天最受尊敬的还是华盛顿这样的"国父",法国最受尊重的还是戴高乐这样的领袖。制度安排非常重要,实际上过去 30 多年,也是中国制度建设发展最快的时期。一个好的制度要能够防止坏人做坏事,也要能够让好人做好事。像美国那样的三权分立,为反对而反对,结果导致福山先生所说的"否决政治",政府什么事都做不成,这只能说明美国的制度走向僵化。我多次讲过一个观点:美国到 1965 年黑人才获得真正的投票权,美国政治模式才形成,中国政治模式是在改革开放中才走向成熟的,两个模式都是新生事物,完全可以竞争,我个人更看好中国模式。

问:您说中国迅速崛起,但为什么还有这么多中国人要求移民,而且许多是富人和中产阶级?

答:我最不担心的就是移民问题,现在中国移民的数量太少,太少,太少,重要的事情说三遍,移民增加 10 倍才好。中国富人纷纷移民,这大概是网络大 V 和移民公司编出来的故事,没有任何数据支撑。真正的中国富人,哪一位移民了?这些年,中国移民一年还不到 20 万,实在是太少了。当然,中国人口基数大,你说伊拉克能发财,几万人可能就被忽悠过去了。我们的大 V 早把美国吹成了人间天堂,还能在一段时间内忽悠不少人。但我老说,一出国,就爱国。中国现在每年出境游的人次超过 1.2 亿,大家对外部世界的真实状况越来越了解,真实的西方很多方面都不如中国,纽约很多地方远远不如上海。现在中国留学生回国已经成为主流，"人才外流"变成了"人才回流"。我担心的倒是另一个问题，随着中国成为世界最大的投资者之一，我们的企业将大量走出去，需要大量的人愿意出国工作，但随着国内生活水平迅速提高，很多国人开始不愿意出国。如果你要移民，越来越多的国人可能会带着同情的眼光看着你：你真要走了？可要准备受苦啊。

问：中国虽然崛起了，但似乎中国社会有一种道德危机和诚信危机，西方很多人信仰基督教，而中国似乎没有共同的信仰，这是产生问题的原因？

答：实际上，中国人的信仰就在自己的文化中。只要在世界上走一走看一看，就会发现中华文化中有很多优秀的东西，体现在我们老百姓的日常生活中。一个是人民的勤劳，走遍全世界，感觉中国人民最勤劳；再有就是向上，中国人改变自己命运的愿望最强；另外就是中国人总体平和，所以中国社会总体上有一种安全感，安全感跟空气一样，在国内感觉不出来，你出国就感觉得到了，到美国哪有这种安全感，在纽约和巴黎你试试看。

我个人甚至认为中国人的信仰和价值就蕴藏在中国的文字中，一个中国人，只要学会了中文，能够听说读写，能够使用一二百个成语，中国文化的基本元素就融化在他的血液里了，如自强不息、勤俭持家、与人为善、尊老爱幼、好学不倦、同舟共济等。百年战乱和贫困是中国市民文化积弱的重要原因，但古人说

"仓廪实而知礼节，衣食足而知荣辱"，我们需要的是随着国家的崛起、生活水平的提高，把我们文化中的信仰和价值也激发出来。所以我不悲观，因为我们这个民族有深厚的文化底蕴。有人总认为只有信教才能解决问题，但你看看欧洲，光是不同教徒之间的宗教战争就打了上千年。某种意义上，这种战争和冲突还没有结束。为什么中东难民给欧洲社会带来这么多的问题，背后主要还是有宗教纷争的原因。

问：世界多数国家似乎都民主化了，都实行多党制了，为什么中国不行？

答：美国资深时事评论员法里德·扎卡利亚曾问过我这个问题，"你们说西方民主制度不适合中国，但为什么除了中国以外的几乎所有亚洲国家都采用了西方制度？"我当时是这样回答的："道理很简单，因为过去20年里，中国所取得的成绩超越了亚洲其他国家成绩的总和，背后是中国的制度比较成功，所以我们是制度自信，我们欢迎政治制度的竞争，包括和美国政治制度的竞争。"中国在消除贫困、创造中产阶层、对世界经济的贡献等方面的成绩，确实超过了亚洲其他国家成绩的总和，也超过了其他发展中国家和转型经济国家成绩的总和。我们的制度并非十全十美，但就现在这个水平，也可以和西方竞争。现在似乎是西方更害怕制度竞争。当然，我们还可以做得更好。

问：中国的中产阶级不断壮大，人民教育水平不断提高，对外界的信息越来越了解，中国社会必然越多元化，中国的政治制度能够应对这一切吗？

答：我个人的感觉是这正好是中国文化和中国制度的长处，我们的文化更为包容，我们的制度更有弹性。今天中国人总体上对西方的了解程度明显超过西方对中国的了解程度，中国每年出境的人次已经上亿，这些人绝大部分都属于您所说的中产阶层，但他们99.999%出去后都回来了，而且往往觉得国内比国外好，这从一个侧面说明，中国社会正在走向成熟，大家见多识广，不害怕国际比较了，就像上海不害怕和纽约比较一样。

问：能不能谈一谈邓小平作为一个政治家的特点？

答：我给邓小平做翻译的时候，邓小平已经80多岁了。他给我最深的印象就是，虽然已80多岁了，但是他谈的问题都是长远的问题，都是10年、20年甚至更久以后的问题，西方民主制度很难选出大政治家，而是容易选出政客，政客们考虑的是100天内的事情。邓小平曾说中国2050年要达到发达国家的水平，中国到现在为止都没有偏离这个目标。在中国这样一个具有独特传统的超大型国家，没有大战略家、大政治家，会出大问题，很难想象中国每四年换一个政府怎么进行现代化建设，我觉得不可思议。你看美国总统太忙了，一当选就要忙着下一场竞选。邓小平还有一个特点：就是他在考虑战略问题的同时，还不停地寻找具体的突破口，比方说特区建设、上海浦东建设等，他一旦抓住了突破口，他的军人风格就体现了出来，他要你一年初见成效，三年大见成效，一定要出成果，形成一种量变到质变的状态他才放心，所以我觉得邓小平是个了不起的政治家。随着时间的推移这种感触越来越深，现在看来他的很多思想都是超前的，例如社会主义也可以有市场，资本主义也可以有计划。美国如果听取了邓小平的忠告，就不会有 2008 年的金融危机了。

问：您提出中国是一个"文明型国家"，不是一般的民族国家，能不能再给我们解释一下？

答：是这样的，"文明型国家"首先涉及"文明国家"（civilization-state），"文明国家"这个概念学界早就用了，影响力比较大的是美国学者白鲁恂（Lucian Pye），他认为中国是假装成民族国家的一个文明，中国就是一种古老的文明。这个观点正确的一面是，他讲出了中国是一个没有中断的古老文明，弱点是他的潜台词：由于你是古老的文明，你不可能建成一个现代国家，不可能有现代的意识、现代的理念、现代的法治等等，换句话说，他用的这个词，带有更多的负面意义。马丁·雅克跟我讲过，他受了白鲁恂的影响而发现中国和西方完全不一样，背后是一个文明。马丁·雅克讲到中国的崛起，也用了"文明国家"这个概念，他的用法就比较中性了。他认为由于中国"文明国家"的特征，中国不会变成另外一个西方国家，但他也认为这会给世界带来一些问题，例如，中国崛起过程中和周边国家的关系，可能还会是某种中原和地方的"朝贡关系"。为此，他书中专门有一章写中国未来的"朝贡体制"。在这一点上我与他有分歧，我不用 civilization-state 这个词。我用的是 civilizational state，也就是"文明型国家"，一个没有中断的古老文明与一个超大型的现代国家结合在一起的国家，"文明型国家"这个概念比"文明国家"这个概念要积极得多。中国既没有中断古老文明，也建成了现代国家，两者的长处结合在一起，就是今天的中国。

第二部分

中国模式

百国归来的思考： 中国模式及其国际意义

非常高兴来到北京大学和北大的学子、同仁交流看法。我把今天演讲的题目定为"百国归来的思考"。今年是纪念改革开放30周年，我觉得中国自改革开放一路走来，走到今天，中国的崛起到了今天的这个规模，中国不应该再回避任何问题了。不管是中国国内老百姓提出来的问题，还是西方世界对中国的质疑，不管是腐败问题、贫富差距问题，还是环境问题，或者是民主与人权等问题，我们都应该坦然面对，并给予实事求是的回答。我最近出了一本新书《中国触动》，我在书中说，再尖锐的问题，我也不回避。相反，我们应该努力回答这些问题，并在这个过程中逐步形成中国自己的政治话语。一个国家在崛起过程中，如果没有形成自己的话语，那么这种崛起是靠不住的。这种中国话语应能为大部分中国老百姓所理解和接受。至于西方是否能够理解和接受，这很难说，但至少可以让他们听懂。

我觉得自己是一个很幸运的人，从1983年到2006年，我走访了106个国家和地区。这种走访大致可以分成四类：第一类是我在外交部当翻译的时候，陪国家领导人出访了很多地方；第二类是我后来到国际组织工作，参加了许多国际会议，走访了不少地方；第三类是作为学者，和世界各地研究中国问题的同仁交流、讨论或者辩论；第四类就是作为一名游客，到许多地方亲自去看一看。但我仔细一想，这种分类也没有太大的必要，因为最后一切都化为自己对一些问题的思考和比较。有时候，我想一个国家的命运，很像人生，关键几步要走好，如果关键几步没有走好的话，就会付出沉重的代价，用邓小平的话说就是伤筋动骨，甚至全盘皆输。

那么我们中国这 30 年一路走来，该怎么来总结呢？我想可不可以从这样一个角度，就是说假设一下：假设我们过去 30 年走的是和现在不一样的路，那么我们会是一种什么样的情况呢？如果没有邓小平的坚持，中国的确是有可能走上不同道路的。我想到了中国可能会做出的另外四种选择。

第一种选择是继续坚持"文化大革命"时的"极左"路线，坚持"以阶级斗争为纲""抓革命，促生产"。这种选择也可以称为"极左模式"。当时那种"两个凡是"的主张，比较接近这个模式。

第二种模式正好相反，可以称之为"极右模式"，即"全盘西化"的模式，也就是用一个西化的、亲西方的政府来取而代之。20 世纪 80 年代的时候，这代表了一种很强的社会思潮，当时在一些高校里，有人说我们需要从西方引进一个总理，下面都会鼓掌，甚至说让中国再被殖民一下，也有人支持。这种"极右模式"使我首先想起了菲律宾，因为这个国家被西方彻底改造了，最典型的就是宗教被改造成了天主教，国家政治体制也是美国帮助创立的，实行了宪政，三权分立。但是菲律宾一路走来，100多年过去了，除了日本人占领加上马科斯统治的那20来年，基本上都是西方民主制度的框架，但我们可以看到总体效果非常不尽如人意。

我跟菲律宾还有点缘，早在1983年，我在外交部工作的时候，接待的第一个外国代表团就是菲律宾总统马科斯夫人一行，所以印象深刻，总想去这个国家看看，不只是看统计数据，而是实地看看。我是2005年去的，首先看到的是贫困，马尼拉的贫民窟比比皆是，这个国家30%的人口生活在贫困线以下，10%的人在海外打工，"菲佣"成了菲律宾的名片，在菲律宾所有机场都有"菲佣通道"。菲律宾原来在亚洲是经济上仅次于日本的强国，但一路走衰，直至今日，方方面面，都落后于中国，这当中有很多教训可以汲取。

菲律宾最大的问题是有几个东西控制不住：一是人口过快增长，这是很大的挑战，特别对于一个发展中国家，如果你人口过快增长控制不住，怎么去解决贫困问题呢？第二是枪支，人们谈言论自由和媒体自由，一般讲应该是令人高兴的事，但在菲律宾，很多媒体人都是谋杀的对象，40多万枪支流失在民间，政府管不住，过去20年内，近千人遇刺，包括记者、编辑、工会领袖等。第三是腐败，我问过当地的三个教授，你们觉得是现在情况好，还是马科斯时期好，他们都说还是那个时候好。为什么？他们说那时候总统家族贪污腐败，但贪污够了，也开始为老百姓做一些事情，现在是每换一个总统，新一轮贪污又开始了。当然最大问题是在消除贫困方面，菲律宾没有取得多少成绩。

"劣质民主"在第三世界比比皆是，我走访了不少第三世界的国家，对此感触尤深。我觉得这些国家最大的问题是上下结构的脱节。在社会底层，大部分普通老百姓的生活形态还是中世纪的、封闭式的，非洲更是如此。你到非洲的话，可以看到控制老百姓的一般是部落酋长，甚至是巫师。但在上层，则是一个后现代的结构，他们跟欧洲人讨论一样的问题，如同性恋的权利、废除死刑等，这样一个上下结构脱节造成了很大的问题。我到肯尼亚，看他们的民意调查，老百姓最关心的问题第一是就业，第二是社会治安，而他们国会里讨论的问题是废除死刑和修宪，完全按照西方的套路来。

我写过不少关于民主问题的文章，其中在网上流传最广的一篇叫《反思西方民主》，文中提到有位西方学者问我，中国什么时候可以实现民主化，我问他你这个民主化是怎么界定的，他说很简单啊，一人一票，政党轮替，还说"这至少是我们欧洲的价值观"。我说我们中国人也有自己的价值观，比方说"实事求是"，英文是"seek truth from facts"（从事实中寻找真理），我说我们从事实中找了半天，就是没有找到一个发展中国家可以通过您说的这种民主化而实现现代化，我走了 100 多个国家，还没有找到。我很客气地请他举一个例子。他说印度，我问他去过没有，他说没有。我说我去了两次了，从北到南，从东到西都走了，下个月还要去，去讲中国模式。我说印度比中国落后至少 20 年甚至 30 年。我一个朋友上个月刚从印度回来，他是西安人，他认为新德里还不如 20 世纪 70 年代的西安。在印度的孟买，也就是印度的"上海"，60％的人还生活在贫民窟里，这些贫民窟是用油毡布、塑料布和废铁皮搭建的，环境非常恶劣，是严重不适合居住的地方。

另一位学者问，那么博茨瓦纳呢？这个国家我也去过，诺贝尔经济学奖获得者阿马蒂亚·森曾说，如果新加坡的经验证明威权主义模式是成功的话，那么他可以举出博茨瓦纳来证明西方民主模式也可以在发展中国家成功。但是他犯了一个常识性的错误，他可能没有去过这个国家，只是看了一些关于经济增长的数据。博茨瓦纳 40％以上的人还生活在贫困线以下，人均寿命一度不到 40 岁，去年还不到 50 岁，博茨瓦纳政府公共政策的严重失误，导致了艾滋病泛滥，25％—30％的成年人是艾滋病患者或者艾滋病病毒携带者，就这一条，不管你的政治多么稳定，你的发展模式恐怕都得被否定，因为这种失误太过分了。

实际上苏联模式在发展中国家没有成功，西方模式在发展中国家也没有成功，事实就是那么简单。理论上，每个发展中国家都应该有权去探索适合自己的发展道路。但是在西方强大的压力面前，大部分发展中国家没有多少选择。如果不听西方的，他们会失去很多东西，特别是外援。中国不同，中国是一个大国，中国可以独立自主地选择自己的发展道路。

最近一两年来，陷入西方"民主困境"的还有泰国、肯尼亚、黎巴嫩、格鲁吉亚、巴基斯坦、乌克兰、孟加拉国、尼日利亚、刚果民主共和国、蒙古等一大批发展中国家，这些国家我几乎都去过，他们的腐败问题没有解决，经济下滑，甚至走向崩溃，但党争却愈演愈烈。

除了上面讲的极左和极右的模式之外，我还想到两种改革的模式，一种是"保守改革模式"，一种是"激进改革模式"。关于"保守改革模式"，首先想到的是古巴，古巴模式有点像一度在中国影响很大的"鸟笼经济"的思路，即以计划经济为主、辅之以小打小闹的市场调节。我2005年夏天去了古巴，待了10天，住在一个工程师的家里，实地去考察古巴，总的感觉令人失望。老百姓的生活太艰苦，经济太困难，困难到什么程度？我老家是上海，古巴给我的感觉比"文革"时期的上海还困难。商店里空空如也，几乎所有的食品都需要票证，如猪肉、羊肉、大米、面粉、食油、鸡蛋，牛肉只供应给涉外单位，甚至连古巴盛产的食糖，也是配给制。我的房东把他的购货本给我看，本上记录了各种各样的配给。我问房东，经济困难是不是美国制裁造成的，他说不这么简单，关键原因之一是政策不对，比如食糖，价格太低，糖农没有积极性。我又问一个中餐馆老板是不是美国的制裁造成了古巴今天的问题，他说，什么制裁，是自己制裁自己，企业一点自主权都没有，不能进出口任何东西。

古巴曾进行了一些市场导向的改革，允许个体户从事一些经济活动，但一旦出现了所谓投机倒把、贫富差距扩大之类的问题，政府就开始紧张，然后就开始所谓的"纠偏运动"，结果经济失去了活力。古巴政府对社会的控制太严。比如手机，一般人没有，只有政府高级官员才有，上网基本上只有三星级以上的饭店里才有，而且价钱贵，20 分钟要收相当于人民币 30 元的费用，所以一般的老百姓用不起，只有外国游客才去用，而且非常慢，你刚刚打开，还没看完邮件，时间就到了。全国只有四个电视台：一个新闻台，一个文艺台，两个教育台，唯一的好处是没有广告。整个国家到处都是标语口号，口号治国，不过没有广告。菲德尔·卡斯特罗依然有很高的威望。当然，古巴也不全是缺点，比如他的配给制保证了公民基本的生活水准，古巴是根据人的营养需求，特别是卡路里摄入量来安排配给的。在发展中国家，往往会看到很多营养不良的人，特别是儿童，但古巴似乎没有这个问题，配给制保证了人民起码的营养标准。另外，尽管经济非常困难，古巴还是实现了全民免费医疗，从这个角度看，中国应该可以比他做得更好。从私下和古巴朋友的聊天中，可以感到古巴人心思变，谈论中国模式和越南模式已经是很公开的了。如果古巴发生变化的话，我估计不是倒向美国，而可能是一种改革的路线。现在劳尔·卡斯特罗已经公开地说了要向中国学习。

最近也采取了一些措施，比方说允许使用手机，允许公民购买电脑，这些都是最新的措施，对古巴来说是一种革命性的变革。回头看一下中国过去的30年，如果当初没有大胆地推动改革开放，没有大胆地推动社会主义市场经济，我们今天的情况恐怕不见得会比古巴好多少。

至于"激进改革模式"，我想到了苏联，想到了戈尔巴乔夫。我第一次去苏联是在1990年6月，正是戈尔巴乔夫大张旗鼓地推动他的激进改革模式的时候。到了苏联，真是感触良多。我没想到一个能生产原子弹、宇宙飞船的国家，竟然生产不出一双好看的鞋子。当时在莫斯科最大的商场里，女鞋就是一两种款式，从小号到大号，像是从一个模子里压出来的，人们还要排长队买。街上餐馆非常少，吃饭很困难，到处都要排队，饭店中午的营业时间很短，12点到2点，错过时间就没有饭吃了。苏联经济显然出了大问题。另外，我印象最深的就是，戈尔巴乔夫当时在苏联人民的心中已经没有威望可言，谁都可以拿他开玩笑。一个大国的最高领导人，雄心勃勃地要进行一场大规模的改革，但自己威信已荡然无存，你可以想象他的改革不会成功。

邓小平主导的中国的改革模式，我认为是一种大规模的经济改革，辅之以较小规模的政治改革，而政治改革的目的是为经济改革铺平道路，比如废除人民公社等，最后的落脚点是解放生产力，提高人民的生活水平，这是中国模式的特征。苏联的模式刚好相反，它是推动大规模的政治改革，用经济改革来辅助政治改革，以政治目的来确定如何进行经济改革，结果没有搞好，然后又想通过"休克疗法"来解决经济问题，结果很糟糕：恶性的通货膨胀使人民的储蓄和养老金一夜之间烟消云散，人均预期寿命剧降，最后整个国家都解体了，这当中有很多教训我们可以汲取。

中国的这种以经济改革为主、政治改革为辅的"稳健改革模式"也有很多问题，但总体来讲，确实比古巴的"保守改革模式"和苏联的"激进改革模式"效果要好，也比"极左模式"和"极右模式"好。我们是真正地崛起了，中国已是世界上最大的经济体之一，而且大部分老百姓的生活水平提高了很多，中国对世界的影响大大增加了。这次美国金融危机爆发，全世界的目光都投向了中国。

中国模式不是没有问题，而是有不少问题，但中国在最关键的几步上，走得比其他国家好。我还想进一步发挥自己的观点：我把中国的模式称之为"最不坏的模式"。这是从英国大政治家丘吉尔那儿得到的启发，他说过一句名言：民主制度是很糟糕的制度，但历史证明其他制度还没有民主制度好。这段名言后来被人们概括为：民主是最不坏的制度。我查了他讲这段话的背景，他是1947年在英国议会下院辩论时讲这番话的，他是在西方国家的语境内说这些话的，丘吉尔本人一贯坚持与民主背道而驰的大英帝国法统，他从来也没有想过让英国殖民地采用西方民主制度，更没有想过在印度这样一个落后的地方来采用西方的民主模式。但他这句名言，后来被很多人误读了，被人抽掉了必要的前提，甚至被当作了"放之四海而皆准"的普世价值，结果害人不浅，导致世界上出现了很多劣质民主。但是在这里，我只想借用丘吉尔这句话的句式，说这么一点：中国的模式有很多问题，但是与很多发展中国家相比，甚至和许多转型国家和西方国家相比，我们的模式比人家还是好一点，甚至好不少，所以我把中国模式称之为"最不坏的模式"。

过去 30 年采用西方发展模式的发展中国家，比如非洲许多国家，在 20 世纪 80 年代，都采用了国际货币基金组织主导的"结构调整方案"，大大削弱了政府的功能，一切让市场来做，结果导致了严重的灾难。很多人说，今天非洲艾滋病的泛滥，和这个模式有关。我去过 18 个非洲国家，非洲的特点是政府能力本来就微弱。我们现在说尊重主权，尊重他的元首、总理等，但不少非洲国家的中央政府实际上就只能管一个首都，或者再加上一个省，如总统家乡所在的那个省，政府往往连把药品发到基层的能力都没有。采用了这个模式之后，市场经济没有形成，政府和社会却瘫痪了。非洲国家面临很多困难。我去过斯威士兰，那里发展最快的产业一度竟是棺材产业，因为死于艾滋病的人太多了。一个斯威士兰朋友对我说，相当一段时间内，他几乎每个礼拜都要去参加亲戚朋友的追悼会，这是一场人间悲剧。

另外一个是美国在俄罗斯推动的"休克疗法"，俄罗斯人今天说这是对俄罗斯的第三次浩劫，第一次是 13 世纪的蒙古人入侵，第二次是希特勒入侵苏联，第三次就是"休克疗法"。一夜之间，卢布不值钱了，老百姓的积蓄和养老金灰飞烟灭，人民生活水平急剧下降，男性的预期寿命降到 60 岁以下。当你了解了这样的背景，就会明白为什么俄罗斯人今天对美国这么反感，为什么这么多俄罗斯人支持普京，因为他或多或少地把俄罗斯从混乱状态中拯救了出来。1996 年，俄罗斯进行了一次总统选举，戈尔巴乔夫居然勇敢地参加了竞选，结果他得到的票不足 1%。他是个悲剧性的政治人物，尽管在西方仍然受宠，但在自己的国家却没有多少人支持。

还有一个就是"华盛顿共识"，里面有一条：所有国家都应该大胆地开放资本市场，结果导致了 1997 年的亚洲金融危机和后来的阿根廷金融危机。在前两个月中美经济战略磋商的时候，美国财长保尔森还是要求中国开放资本市场，但中国没有答应。"华盛顿共识"所体现的那种市场原教旨主义也是今天美国陷入金融危机的主要原因。单是凭中国成功地避免了这一系列危机这个事实，我们就应该肯定中国的发展模式，如果中国没有自己的主心骨，摊上了上述几个馊主意中的任何一个，后果将不堪设想。现在想想都有点后怕，像印度尼西亚这样的国家，一场 1997 年亚洲金融危机，经济倒退了 20 年，至今还没有恢复到 1997 年以前的水平。

如果我们要肯定中国模式，就必须正面地、实事求是地回应人们对中国模式的质疑，包括国内部分老百姓和西方人士提出的质疑。这些质疑中有三个问题最关键，即贫富差距拉大、腐败增加、环境恶化。我在《中国触动》中专门写了一个章节，题目叫作"中国：不要自己打败自己"，这句话有两层意思，第一层意思是中国模式虽然成功，但也衍生了不少问题，必须认真着手解决，否则我们可能会前功尽弃。第二层意思是中国的问题虽然不少，有些还相当严重，但是横向地、纵向地比较一下，不必惊慌失措，我们做得不比别人差，只要沉着应对，所有的问题都可以找到解决的办法。简言之，如果我们不去积极地解决中国的问题，中国可能会自己打败自己；但如果中国自己乱了方寸，以为天要塌下来了，国将不国了，也会自己打败自己。

中国贫富差距的确是前所未有地扩大了，这确实带来了很多社会问题。但现在有些学者谈论这个问题，不够客观和理智。我认为至少有两个观点是站不住脚的，一个观点认为中国的贫富差距已经超过了印度，成了亚洲之最。他们引用的证据是基尼系数，是亚洲开发银行去年公布的最新数据：中国的基尼系数已经到了 0.45。但我去过印度、巴基斯坦、孟加拉国、南非、墨西哥、巴西等很多发展中国家，直觉告诉我，他们的贫富差距比我们要大，他们的贫民窟比我们多 3 倍、5 倍，甚至 10 倍。打个比方，你可以试试从北京开车，往任何方向不停地开 20 个小时，只要不开到海里去，往南，可以开到香港，往北，可以开到漠河，往西，可以开到四川，把一路看到的贫困加在一起，可能会少于在孟买或者加尔各答一座城市里开 2 个小时所看到的贫困。这是不是统计数据有问题呢？不完全是，关键是我们所依赖的基尼系数只计算货币化收入的差别，而不计算一个人是否事实上拥有房产和土地。

我们有"春运"现象：一到春节，数亿农民工返乡，为什么？因为农村有他们的根，有他们的土地、房产和亲人，他们还可以带点钱回去给自己家人。而其他发展中国家要么没有进行过土地改革，要么改革得很不彻底，他们的农民大多没有土地和私宅。如果我们把中国农民事实上拥有的土地、房产等都计算进去，再来进行国际比较，恐怕才比较有说服力。我们的社会科学家应该研究出一些能够更加准确反映发展中国家实际情况的标准和系数，现在很多标准和系数都是西方提出来的，无法准确地解释发展中国家的问题。

还有一些人认为中国的"城市像欧洲，农村像非洲"，这些人恐怕没有去过非洲。我去过三个非洲国家的农村，肯尼亚、斯威士兰和加纳，都是离首都不到 3 刻钟的路程，农民住的大多还是茅草房，很多连窗都没有，处在最原始的状况。非洲普遍的人均寿命才 50 来岁，我们农村的人均寿命怎么也在 68 岁以上。我们现在最落后的省份是西藏，但西藏的电力覆盖率已超过 70％，而非洲许多国家的首都还做不到这个水平。就我自己的观察，非洲的农村还不如我们 30 年前的农村，这就是差别。我们有些人比较情绪化，一看到中国的贫富差距拉大了，别人怎么说，他都相信。但是说中国的农村像非洲，确实是开了一个国际玩笑。非洲还有一个问题，很多人没有注意到，就是艾滋病导致了社会解体，非常严重，比如在赞比亚，据报道大约有 1/4 的人口是孤儿，是艾滋病人的后代，他们从来没有享受过家庭的温暖，为什么非洲的犯罪率这么高，恐怕跟这个情况有关。我今年 4 月去了尼日利亚最大的城市拉各斯，尼日利亚也是个所谓民主国家，但我的印象是这个数百万人的城市几乎没有路灯、没有红绿灯、没有 stop 线、没有公共厕所，但是有选举。对于很多发展中国家来说，能把最起码的政府服务做好就很了不起了，如供水、供电、保证起码的社会治安等。但欧洲人要他们有自由民主的制度，保护同性恋权利等等。欧盟还提出对非洲的腐败零容忍等等，我对欧盟的官员说，那你们就干脆把钱放在欧洲的银行里，不要去非洲了，20 年都不要去了，因为你们的很多要求，人家 20 年内也实现不了。你要帮助非洲脱离贫困，这本身就是促进人权，你要了解非洲现在是什么样的状况，根据实际状况来提供不容易造成腐败的援助。

我们国内的贫富差距确实拉大了，要认真着手解决，否则会出大问题，但我们一定要实事求是地看问题，既不要夸大，也不要缩小，然后去认真地解决。我们曾进行过无数次以平等为宗旨的政治运动，我们人民的平等意识非常强。印度有一亿六千万贱民，没有社会地位，一生下来就是这样，他们很多人认为是自己祖上积德不够，所以比较安于现状，捡垃圾也心甘情愿。有些人说要向印度学习和谐社会建设，这恐怕走得太远了，这使我想起了马克思说的"宗教是人民的鸦片"。我在《中国触动》中专门写了一章"印度能赶上中国吗"。我的结论是不可能，相差太远了。一般讲，平等意识是好的，它使我们生活得更有尊严，但是在社会急剧转型的时候，平等意识过强也容易造成一些问题。我在网上看到一个民调，问的是一个对今天的中国女孩子来说再自然不过的问题："你愿不愿意嫁给一个没有房子的男友？"这样一个问题，我想在西方国家没人敢问，这不只是一个西方国家与中国之间的文化差别问题，而是西方国家达不到这个水准。大部分西方国家的人怎么可能想象在结婚之前就拥有自己的房产？一般认为，瑞士是世界上最发达的国家之一，但瑞士的居民房屋自有率才36％，大部分人还是租房子住，法国的房屋自有率高一些，是55％。西方国家最高也就是70％左右。在印度，你问大饭店里搬行李的男服务员，你算不算中产阶级？他回答"of course"（当然是）。他可能住在贫民窟，会讲几句英语，但他感觉自己就是中产阶级。但在中国，你去问上海星巴克里喝咖啡的年轻人，你算不算中产阶级？他说：我算什么中产阶级，我只有一套房子。所以我们在处理贫富差距的时候，也要把这些文化差异因素考虑进去，客观分析自己的问题，既不夸大，也不缩小。

时间过得真快，环境问题我只能讲得简单一点。各国都有目光远大的人，他们从一开始就意识到不能走"先发展，后治理"的道路，但要使一个国家的绝大多数人都意识到这一点，往往需要时日。往往都是等到经济发展到了一定程度，环境污染到了一定程度，大多数人才觉悟过来：清新的空气和蓝色的天空是多么的宝贵，然后才形成整个社会的共识，开始大规模的环保，这大概也是一种历史的宿命。我们的环境恶化已经到了这么一个关口：再恶化下去，整个中华民族的生存都会受到威胁。为此，我比较注意咨询欧洲的环境问题专家：中国的环境还能不能从根本上扭转？我请教过的不少专家，他们都认为只要中国认真抓，是可以扭转这种局面的，因为欧洲历史上环境污染程度可能比今天的中国还要严重。他们举了几个例子，比如伦敦，在 1952 年 12 月，曾经发生过 4 000 多人一周内死于煤烟污染的惨剧；1953 年一个星期内，伦敦又有 800 多人因为同样的原因死亡；莱茵河曾被宣布为 biologically dead，意为生物学意义上已经死亡，没有鱼类，没有生命，人也不能游泳。但最终欧洲人大彻大悟了，全民行动起来，通过了必要的立法，采取了大量的环保措施，经过短短一代人的时间，就彻底扭转了环境污染的严重局面。

我还碰到过一位德国学者，他说你别看德国有很多森林，一片葱绿，但德国森林很大一部分都是战后人工种植的，德国历史上经历了太多的战争，导致了大量森林的毁灭，现在虽然有大片的人造森林，但这种森林里往往连一条狼都没有，从生物多样性的角度看，德国远远不如中国。中国还有云南、贵州、西藏等生物多样性非常丰富的地区，比德国要强很多。在《中国触动》中，我就环境问题专门写了一节，题目是"生态文明，中国的机遇"。把所有的困难都看成是机遇，这也是邓小平看问题的一个特点，生态文明为中国提供了这样一个机遇，就看我们自己能不能抓住。

下面我再谈谈中国模式可能产生的国际影响。哈佛学者麦克法夸曾经说过，儒家文明的崛起，会对西方文明提出全面的挑战。我非常赞同这个观点。今天因为时间有限，我就谈一点：中国模式相对成功对西方的政治话语提出了挑战。西方政治话语中，最根本的东西就是所谓"民主与专制"的论述。在这个问题上，中国人还有话要说，不能让你这么随随便便就忽悠过去。西方为我们提供了这么一个概念：民主与专制的对立，我相信很多人，尤其在北大，可能都接受这个概念，要么民主，要么专制，黑白分明。这个概念有一定的诠释力。比方说，希特勒通过民主上台，但上台后实行专制。过去冷战时期，西方认为自己代表了民主，苏联代表专制，尽管这个说法有争议。我们要看到这个范式同时也明显地缺少诠释能力，它把纷繁复杂的政治现象过分简单化了，因为他的预设是民主是好的，专制是坏的，而什么是民主，只能由西方国家来界定。按照这种逻辑，过去蒋介石时期是专制，毛泽东时期是专制，邓小平开创的时代到今天也是专制，但是在这些时代里生活过的人都知道，这些时代的差异非常之大。你今天到伊拉克去，大部分当地人可能会觉得萨达姆时期比现在还好。从世界的角度来看，在现代化方面，阿拉伯世界中，现代化最成功的大概是阿联酋，在东亚，强势政府的新加坡和行政主导的中国香港干得也很好。这些地方的经验和中国过去 30 年的道路都说明"良政和劣政"才是更好的概念，它比"民主与专制"的概念有更大的诠释能力。民主必须落实到良好的政治治理。良政可以是西方民主模式，比如丹麦、瑞士等，治理得还算可以，但请注意：我没有说美国，因为我觉得它治理得并不很好，否则怎么会有今天这么严重的金融危机，我也没有说冰岛。良政也可以是非西方民主模式，如新加坡模式、中国模式，还有中国香港过去的行政主导模式和阿联酋的开明君主模式等。反过来，劣政也可以是西方民主模式，如海地、伊拉克，也可以是非西方民主模式，如缅甸。

我们不少国人也和戈尔巴乔夫一样，比较认同西方这种"民主与专制"的政治话语，希望中国也能融入西方代表的所谓主流文明。一个主流文明，如果是中国参与形成的，比如联合国宪章所代表的国际法体系，这没问题。但如果不是中国人一起参加建设的，我们则要谨慎，我曾经写过文章，把全盘接受西方话语体系称之为"姜太公钓鱼，愿者上钩"。你看苏联，共产党下台了，国家分裂了，但西方还是不放过，继续压缩俄罗斯的战略空间。俄罗斯驻北约大使干脆这样说：北约先是要借你的车库用，然后说要借你的卧室，最后说要和你夫人睡觉，所以"我们不再容忍了"，他的话讲得比较俗，但反映了俄罗斯人今天对西方的情绪。巴勒斯坦人民选出了一个哈马斯政府，西方不承认，伊朗大选选出了一个内贾德，西方也不接受，你必须选出亲西方的政府才行，否则它就不接受。最狼狈的是黎巴嫩，2006 年搞了一次选举，西方非常高兴，因为选出了一个亲西方的政府。但是就在选举结束之后不久，以色列开始进攻黎巴嫩，攻打真主党的游击队。黎巴嫩政府呼吁美国干预让以色列停火，但美国不愿意，因为他也希望以色列能尽快消灭亲伊朗的真主党势力。我问一个黎巴嫩的朋友，怎么解释美国不愿意帮助黎巴嫩这么一个亲西方的民选政府，他说即使是民选出来的政府，美国还要把他们分成几类，一类是盟国，一类是一般的朋友，一类是走狗，而我们的政府连走狗都不如，所以只能挨打。

你看看达赖分裂集团，谁在资助它？都是西方的机构。从西方一些国家的角度来看，最好是台湾独立、西藏独立、新疆独立、内蒙古独立，但这还不够，因为中国还是太大了，还有 10 多亿人口，这就是西方的地缘政治。但这种情况是中国人民所不能接受的，中国人希望的民主是能给国家带来国运昌盛、人民幸福的优质民主，而不是使中国四分五裂，甚至生灵涂炭的劣质民主。按照西方游戏规则玩，玩不下去，玩了之后自己倒霉。他眼睛就盯着他认准的那么几个人，非他们上台不可，否则就不是民主。

我们还要注意一个人均资源占有量的问题，根据美国学者戴蒙的计算，西方国家人均消费的资源是发展中国家的 32 倍，西方国家今天的一切是建立在这么一个大量占有人类资源的基础之上的，而很多政治选择都与资源的占有量有关。现在世界粮食价格上涨，发展中国家人均资源少，恩格尔系数高，食品价格上涨，立即影响了大多数人的生活，人们就上街了，就暴动了。而像意大利这样比较发达的国家，根据 2008 年年初的民意调查，只有 4％ 的人对现状满意，在西方国家中是最低的。今年 8 月份我还去过意大利，大家都在抱怨，都在骂政府，但意大利毕竟已经是一个人均占有资源很多的发达国家，社会福利还在，养老金还在，所以国家没有陷入动乱。如果换成一个人均资源很少的发展中国家，遇到这种情况，可能就要打内战了。

时间真快，已经一个多小时了，我最后再谈一点感想。因为在北大，我特别想讲这一点，就是我们应该用一种理性的、渐进的态度来推动我们国家的进步，我们一定要防止激进思潮成为社会主流。为什么这样讲？我首先想到的是历史上有两个截然不同的变革模式，一个是英国模式，一个是法国模式。英国从 1688 年光荣革命后，基本上是采取渐进的改革，如爱尔兰哲学家埃德蒙·伯克所主张的"有保留的改革"，英国"绝不尝试任何自己没有试验过的东西"。这种经验主义的变革使英国获得了比法国更长时间的稳定，特别是维多利亚时代长达 60 多年的稳定，使英国成为最早实现工业化的国家。法国的变革，大概与法兰西的民族性格有关，法国人比较浪漫，比较激情澎湃，他们先确定一个伟大目标，然后奋不顾身地奋斗，但是从 1789 年的法国大革命开始到 1959 年戴高乐的第五共和国，整整 170 年，法国政治体制才稳定下来。法国付出的代价非常之大，我称之为"五三二一"：这170 年间，法国经历了五个民主政体、三个皇室政权、两个帝国、一个法西斯政权，所有这些政权都是通过暴力推翻的。我们一些国人也有类似法国人的那种政治浪漫主义情结和理想主义传统，总希望通过激进的政治变革来解决中国存在的所有问题，毕其功于一役。其实，在中国这么一个超大型的国家里进行激进政治改革是不现实的，只会欲速而不达，甚至导致国家解体。我们必须考虑每一项改革政策的代价，争取以较小的代价换取较大的成果，这才是中国进步的最佳之路。

我还想到中国自己的近代史，从 1840 年鸦片战争开始到 1978 年改革开放，近 140 年的时间内，中国最长的持续太平年景从没有超过八九年，我们现代化进程总是一次又一次被打断。最后是邓小平这位最高领导人，下了决心，把保持中国的稳定放在第一位，在这个基础上，实现国家的现代化。其实道理很简单，你只要看世界各地的华人，无论他们在世界什么地方，只要有一个比较稳定宽容的环境，他们就能发展起来，成为社会的中上层，我把这种情况叫作"雪中送炭"，先发展起来，再来"锦上添花"，使我们社会的方方面面变得更为精致和完善。先要把"雪中送炭"的事情做好，至于"锦上添花"，我们可以沉着一点，步子稳妥一些，认真比较一下不同的选择，进行各种必要的试验，逐步摸索出自己的道路。

现在让我用自己书中的最后一段话来结束我的演讲，这也是邓小平说过的话。1988 年 5 月一位发展中国家的元首来北京，希望邓小平谈谈中国改革开放的主要经验，邓小平回答："解放思想，独立思考，从自己的实际出发来制定政策。"他还补充说："不但经济问题如此，政治问题也如此。"元首接着又询问邓小平应该如何跟西方打交道。邓小平说了四个字："趋利避害。"（《解放思想，独立思考》，《邓小平文选》第三卷）在纪念改革开放 30 周年的今天，在美国金融危机祸及全球的今天，我谨以邓公的箴言与大家共勉。

　　谢谢大家！

2008 年 10 月于北京大学

中国奇迹的剖析

众所周知，由于种种原因，中国的崛起在西方总是很有争议，过去的 20 多年里，西方媒体经常把中国描述成一个国家政权与人民对立的国度，政权是压迫性的，抱住自己的权力不放，而民众则在异见人士领导下进行着抗争。一些欧洲人，例如在奥斯陆的一些人，甚至认为中国就是一个放大的德意志民主共和国或放大的白俄罗斯，正等待着一场"颜色革命"。

这种观点使许多西方的中国问题专家自信地对中国做了很多悲观的预测：先是预测 1989 年政治风波后中国要崩溃；苏联解体后，他们又认为中国也会步苏联后尘而分崩离析；邓小平去世前后，他们又预测中国将出现大动荡；香港回归前，又预测香港的繁荣将一去不复返；"非典"（SARS）病毒暴发，又被形容为中国的切尔诺贝利；中国加入世贸组织，又预测中国将走向崩溃；2008 年金融海啸爆发后，又预测中国将大乱。但最后这些预测都被证明是错误的。中国没有崩溃，而"中国崩溃论"却崩溃了。

这种反复的预测失灵使我们有必要学会更加客观地研究中国

这样一个复杂的大国。我们也许可以像 17 世纪荷兰大哲学家斯宾诺莎那样，或者像他同时代的德国大哲学家莱布尼茨那样，把重点放在他们称之为中国"自然的宗教"上。他们关注的是中国如何采用了世俗的、比较贴近自然的方法，而非当时欧洲盛行的神学方法，来进行社会经济和政治的治理。如果大家都能摆脱意识形态的束缚，那么我们会发现过去 30 多年在中国大地上所发生的事情大概是人类历史上最伟大的一次经济和社会变革：数亿人摆脱了贫困，这场变革对中国和世界都产生着深远的影响。

甚至可以这样说，过去 30 多年中，中国所取得的成绩大于其他发展中国家成绩的总和，因为世界上 70％的脱贫是在中国实现的。中国所取得的成绩大于所有过渡经济国家成绩的总和，因为中国经济总量 30 年中增加了约 18 倍，而像东欧这样的转型国家经济总量平均才增加了一倍，当然东欧的起点比中国高。中国所取得的成绩也高于不少西方国家，中国今天的发达版块人口约 3 亿，与美国人口相当，其总体繁荣程度已不亚于许多发达国家，而像上海这样的中国一线城市在许多方面都超越了纽约，无论是机场、地铁、高铁、商业设施和城市建筑这样的"硬件"，还是人均预期寿命、婴儿死亡率和城市治安这样的"软件"，上海均好于纽约。

中国自然也有自己的许多问题，有些还相当严重，需要我们认真应对，但中国的总体成功是显而易见的。如何解释这种成功？有人说这是外国直接投资的结果，但按人均吸引外资的数量来看，东欧国家吸引的外资比中国多得多。有人说，这是由于中国劳动力便宜，但印度和许多发展中国家的劳动力比中国便宜很多。有人说这是因为威权政府的作用，但在亚非拉、在阿拉伯世界，有许多威权政府，他们却无法取得中国这样的成就。

如果这些理由都无法解释中国的成功，那么我们就需要新的思路。我的解释就是"中国模式"，这也是我今天要讲的主题。但在解释中国模式之前，我想先简单谈一谈我对中国国家性质的理解，这将有利于我们更好地了解中国模式。

我不久前出版了新书《中国震撼：一个"文明型国家"的崛起》，比较详细地论述了我对中国国家性质、中国发展模式和中国政治话语的看法。我愿意在这里与大家分享我的看法。

中国不是放大的德意志民主共和国，也不是放大的白俄罗斯，也不是任何一个普通国家。中国是一个"文明型国家"，而且是世界上唯一这样性质的国家。为什么？因为中国有世界上最悠久的统一国家的历史；中国是世界上唯一的连续 5 000 年而没有中断的文明；中国是数千年古老文明与现代国家形态几乎完全重合的唯一国家。为了更好地说明这个概念，可以打一个不很准确的比方：这就好像古罗马帝国没有解体，持续至今日，实现了现代国家的转型，拥有统一的中央政府和现代经济，融各种传统文化于一身，还拥有巨大的人口，大家都使用拉丁语。

这样的国家必定与众不同。中国文明型国家具有"四超"特征，即超大型的人口规模、超广阔的疆域国土、超悠久的历史传统、超深厚的文化积淀。由于这"四超"特征，中国的崛起必然产生广泛的国际影响。中国的人口超过欧洲、美国、俄罗斯、日本之和。今天是中国农历新年的第二天，中国正经历着"春运"，我们预计这个"春运"期间的客运量至少为30多亿人次。这是什么概念？这意味着把整个北美、欧洲、俄罗斯、日本和非洲的人口在不到一个月的时间内都挪动一下。这个例子可以说明中国所面对的巨大挑战与无穷机遇。

中国有超广阔的疆土，中国是一个包含了巨大地域差异的大陆。中国在可以想象到的领域内，无论是国家治理还是哲学、经济、医学、军事、生活方式等方面，都有自己长达数千年的传统。中国还有极其丰富的文化，包括优秀的文学作品和建筑艺术，中国菜肴之丰富也可以说明这一点：中国大的菜系有八个，每个菜系都包含了无数的子菜系。我个人认为中国八大菜系中任何一个菜系，其丰富性在某种意义上都大于法国菜系，尽管这个观点在这里可能会有争议。这一切本质上都是由中国漫长历史中"百国之合"逐步形成的。这一切规范了中国发展道路的独特性。现在我再来谈中国模式。我个人以为，这个模式至少包含了以下八个特点：

第一是实事求是。这是一个历史悠久的中国观念。中国已故领导人邓小平在乌托邦式的"文化大革命"结束后重新提出了这个观念。邓小平认为，判断真理的最终标准不是意识形态的教条，不管是东方的教条还是西方的教条，而应该是事实。通过对事实的检验，中国得出了结论：苏联共产主义模式和西方民主模式都不能使一个发展中国家实现现代化。中国因而在 1978 年决定探索自己的发展道路，并采取了一种务实的、不断试错的方式来推动自己大规模的现代化建设。

第二是民生为大。这也是中国传统形成的政治理念。邓小平把消除贫困作为头等要事来抓，制定和执行了消除贫困的一系列务实政策。中国改革始于农村，因为当时中国绝大多数人口生活在农村。农村改革的成功带动了中国经济的全面发展，涌现了无数的乡镇企业和中小企业，他们又为中国后来制造业的崛起和外贸的腾飞打下了基础。某种意义上，中国模式"民生为大"这一特点也纠正了西方人权观念中的某种偏见，即公民政治权利总是高于其他权利。中国模式的这个特点可能会深刻地影响占世界人口一半的穷人的命运。

第三是稳定优先。作为一个文明型国家，其民族、宗教、语言和区域的复杂性堪属世界之最。这种特点也形成了中国人担心"乱"的一种集体心理。中国传统的观念是"太平盛世"，"盛世"与"太平"总是联系在一起的。邓小平之所以反复强调国家稳定的重要性，是因为他比谁都更了解中国的近代史：从 1840 年鸦片战争到 1978 年改革开放将近一个半世纪中，我们最长的太平年景没有超过八九年，现代化进程总是一次又一次地被打断，从外国入侵、农民起义到军阀混战、意识形态运动，中国没有多少持续的太平年景。过去的 30 多年是中国近代史上第一次跨长度的持续稳定的发展时期，这才使中国奇迹成为可能。

第四是渐进改革。中国人口众多，幅员辽阔，情况复杂，所以邓小平采用的战略是"摸着石头过河"。他鼓励各种改革的试验。我们的经济特区就是进行改革试验的地方，试验成功了再推广。中国拒绝了"休克疗法"。我们让自己并不完善的体制继续运作，同时对其进行改革，使之为现代化事业服务。这个特点使中国避免了像苏联和南斯拉夫那样的瘫痪和解体。

第五是顺序差异，也就是确立了比较正确的顺序。我们改革的总体顺序是：先农村后城市，先沿海后内地，先经济为主后政治，先进行相对容易的改革后进行相对艰难的改革。这样做的好处是，第一阶段的改革为下一阶段的改革积累了经验，奠定了基础。这种方法的背后是中国人整体思维的传统。早在 20 世纪 80年代邓小平就为中国制定了把中国建设成发达国家的 70 年大战略。直至今天，我们还在执行这个战略。这种跨长度的整体思维能力与当今世界上许多国家（包括不少欧洲国家）内民粹主义和短视政治盛行形成了鲜明的对比。

第六是混合经济。中国力求把"看得见的手"和"看不见的手"有机地结合起来，把市场的力量和政府的力量有机地结合起来，从而有效地防止市场失灵。中国的经济体制又被称为"社会主义市场经济"。当大规模的经济改革释放出了巨大市场力量的同时，国家努力保证宏观环境的稳定。这也是为什么中国没有陷入 1997 年亚洲金融危机和 2008 年国际金融海啸的主要原因。

第七是对外开放。中国人没有传教的传统，而是有很强的学习传统。在中国世俗文化的氛围中，学习别人之长是备受赞誉的。中国保持了有选择地汲取别人长处的传统。我们甚至从有争议的"华盛顿共识"中学了不少东西，如企业家精神和外向型经济，但中国始终坚持了自己的政策空间，自己来决定取舍，绝不盲从。全方位的对外开放使中国成为世界上最有竞争力的国家之一。

第八个特点是一个比较中性、开明、强势的政府。中国政府能够推动形成关于改革和现代化的广泛共识，能够实现比较艰巨的战略目标，如推动中国银行系统的改革，推动国有企业的改革，刺激经济以应对全球经济危机。这个特点源于中国源远流长的儒家强势政府观，即政府是必要的善，政府组成的基础是"选贤任能"，毕竟中国在上千年前就确立了文官考试制度。在中国，进入政治局常委一般需要两任省部级第一把手的经历，并需要有政绩。

从根本上讲，我们认为一个政治体制的品质，包括其合法性来源，不能只是程序的正确，而更重要的是内容的正确，这个内容就是要实现良好的政治治理，并要以人民的满意度来检验。我们认为"良政还是劣政"远比"民主还是专制"更重要，如果"民主还是专制"的只是西方所界定的所谓"多党竞选制度"的话。我们强调内容正确高于程序正确，这本身是中国政治传统的一部分，目的是为了通过良政为导向的实践来创建和完善符合中国民情国情的各种程序。

今天的中国正在进行着世界上最大规模的经济、社会和政治改革的实验。相对成功的经济改革已经勾勒出了中国政治改革的大致路径，即通过渐进、试验和积累的方式来完成中国的政治改革。在这个过程中，我们愿意汲取古今中外一切优秀理念和做法。

中国正在经历着自己的工业革命和社会革命，自然出现了各种问题，面临着各种挑战，如消除腐败、缩小区域差别和贫富差距等。但中国还会沿着自己的道路发展，而不是照搬其他模式。中国人经历了一个多世纪的动荡、战乱和革命，又经历了30多年相当成功的经济改革，大多数中国人愿意继续走行之有效的中国模式之路。这个模式有自己的缺点，但可以不断完善，因为它已经比较好地结合了中国自己数千年的传统和文化。中国人有自己的历史传承，中国经历了20多个朝代，其中至少7个朝代的历史比整个美利坚合众国的历史都长。

随着中国的崛起，中国模式对于外部世界的影响可能会越来越大。中国的经验本质上是中国自己国情的产物，其他国家难以模仿。但是中国模式所包含的某些理念、实践和话语，可能会产生相当的国际影响，如实事求是、民生为大、渐进改革、不断试验、"良政还是劣政"比"民主还是专制"更重要等。

今天的世界秩序正在经历一种变革，从一种纵向的世界秩序逐步转向一种横向的世界秩序。纵向秩序的特点是西方把他们的理念和实践凌驾于其他国家之上，而横向秩序的特点是各国在理念和实践方面既有平等合作，又有良性竞争。这将是一种更为民主的世界秩序。

最后，我想和大家分享一个欧洲哲学家朋友告诉我的故事：17 世纪下半叶的某一天，德国大哲学家莱布尼茨专程来到这里，来到海牙，偷偷地会晤了荷兰大哲学家斯宾诺莎。为什么要偷偷地会见？因为当时斯宾诺莎是一个被教会除名的异教徒。两人一起探讨了一些奇异的思想，包括中国那种世俗的、非神权的治国方法。其实我个人认为，中国今天复兴的背后还是这种比较自然的、贴近民生的治国理念。莱布尼茨见了斯宾诺莎之后，给一个朋友写了封信，其中有这么一句话"我准备在自己房门上贴一个牌子，上面写着：中国知识中心"。

我叙述这个故事，并不是要建议荷兰参议院建立一个中国处，因为荷兰有举世闻名的中国研究传统。但我还是认为我们有必要继续发扬欧洲启蒙时代那些知识巨人的精神，特别是那种开放包容的精神和寻求新知的勇气，这在某种意义上也是荷兰人的精神。我们有必要以这样的精神和勇气去了解不同的文化、不同的文明和不同的治国之道，无论这一切乍看上去是多么的异样。

如果我们这样去行事，我们就可以避免由于意识形态驱使而误判中国，我们也能因此而丰富我们集体的智慧，从而更好地共同应对人类所面临的各种挑战，如消除贫困、反恐、气候变化、防止文明冲突等。只要中国与荷兰，中国与整个欧洲能一起合作，我们一定可以使这个世界变得更加美好。**谢谢大家！**

2011 年 2 月于荷兰参议院

中国模式与中国的制度安排

　　非常高兴有这样一个机会到中欧国际工商学院来庆祝你们的20周年校庆。我和中欧也有过不少接触，参加过一些中欧的活动，包括在伦敦、深圳和上海举行的活动，受益良多，所以我是真心地祝贺中欧。我觉得中欧有几点做得肯定是对的、站得住脚的：一是中西合璧，二是联系实际，三是一开始的目标就争做世界一流。这20年的历史证明，这是一个成功的中欧合作项目，某种意义上，我自己也是中欧合作产生的学者，我在中国生活了30年，在欧洲生活了20多年，同时走遍了所有西方国家，包括冰岛都去了，3年前又回到上海定居，所以有一些感悟和大家一起交流。

　　说句老实话，收到中欧"大师课堂"邀请的时候，我有一点犹豫，因为汉语中"大师"是个非常"高大上"的词，人贵有自知之明，我不是大师，所以我犹豫了一下。大概是在国外待的时间长了，在西方，人家夸你的时候，一般不是拒绝，而是直觉地说"谢谢"。我还想起孟子2 000多年前曾说过的话：受之有愧，却之不恭。就是说一个贵人给你荣誉的时候，你受之有愧，但拒绝它恐怕又是不恭敬的，所以我就问了一下校方这个"大师讲堂"的来历，他们说这是从英文 master class 翻译过来的，这样我感觉就稍微好一些，因为英文我还是懂的。我 17 岁去工厂当学徒，英文叫 apprentice，3 年满师后当师傅，英文就是 master。更重要的是我相信，中欧是产生未来大师的地方，所以我到这里来与未来的大师进行交流。

今天我讲的题目和大家学的专业没有什么特别的关系，大家学的是工商管理，是金融。我这里讲的是政治哲学、政治学和文化问题。但是我总相信中国人讲的：工夫在诗外。一个诗人要真正写好诗，就要拓开自己的思路，所以我把自己研究中国模式的一些心得体会跟大家做个交流。

先从 2011 年我与福山先生的一场辩论说起。他是一位知名的美籍日裔自由主义学者，写了一本书叫《历史的终结与最后的人》，谈的是世界历史发展到西方民主模式和市场经济模式就终结了，他发表这个观点时，正好赶上了苏联解体、东欧崩溃，所以他一下子声名鹊起。但是他当时没有想到中国会那么快地崛起，这个事实使他开始反思自己的一些观点，所以他几乎每年都到中国来，进行一些研究。国内许多研究机构接待过他，奉为上宾，这没有关系，关键是国内很多学者还是认同他的"历史终结论"，我看了一些他们与福山的对话记录，感觉像是在汇报工作，汇报中国何时才可能实现西方的制度安排。坦率地说"历史终结论"在世界范围内早已过气，很少有人信了，但在我们国内还有不小的市场，令人匪夷所思。2011年春秋发展战略研究院和《文汇报》组织了一个很有意思的活动，就是让他和我进行一场对话，当时定下的题目是"变动秩序中的中国与世界"。但福山先生抵达文广大厦休息室时对大家说，他今天要讲中国模式，我们当时都没有想到他也要谈中国模式了，我或多或少有一种感觉，好像打仗一样，他似乎在中国如入无人之境。我对《文汇报》的老总说：给他一点中国震撼吧，所以我们就开始了一场辩论，双方保持了必要的礼貌，但观点之争实际上很激烈。这个辩论网上视频、文字都有，中文版和英文版都有，辩论产生了一定的影响，这是好事情。

　　我简单谈谈我与他辩论时讲的几个主要观点。第一，不是历史终结论，而是历史终结论的终结。第二，我说美国的政治体制改革任务恐怕不亚于中国，美国的政治制度是前工业时期的产物，需要大量的改革，否则美国还将走衰。第三，当时正好赶上"阿拉伯之春"，他说中国也要面临这样的问题，我说不会。我去过4次埃及，20年前开罗和上海差5年，现在差40年，一半的年轻人没有工作，不造反行吗？我对他说，不仅中国不会发生"阿拉伯之春"，而且"阿拉伯之春"不久将变成"阿拉伯之冬"。现在看来，我的预测是准确的，站得住脚的。实际上我20来年关于中国政治的预测一直是比较准确的，我也希望以后的预测能继续准确。这是我自己做学术的要求：你的观点和预测，多少年之后，人家看还是对的。

先让我简单地谈谈中国翻天覆地的变化，大家熟悉的数据我就不说了，我想从另外的角度来谈谈。一个是民间关于结婚三大件的说法，20 世纪 70 年代的时候，是手表、自行车、缝纫机，80 年代是冰箱、彩电、洗衣机，90 年代是空调、电脑、手机。21 世纪是房子、车子、票子。这是不得了的变化，沧桑巨变，坦率来讲，我不喜欢这种过度物质主义的追求。英文里叫 old money（老贵族的钱）和 new money（暴发户的钱）的问题，中国是 new money 多，带来太多的炫耀和太物质主义的生活，带来很多社会问题。但我们也要看到，我们这个民族过去上千年是领先西方的，一两个世纪前一下子落到谷底，现在又重新崛起，物质主义一时抬头，恐怕在所难免。我们这个民族是有文化底蕴的，我们要有这样的自信，随着时间的推移，我们的文化水准也会上来的。

第二，中国人的财富创造大约是 10 年一个周期。30 多年的改革开放，大潮推着你走，从财富的增加来看，大致上就是 10 年一个周期：20 世纪 80 年代的乡镇企业，成功率基本在 70% 以上；90 年代的外贸，成功率大概也在 70%。到 20 世纪，中国进入了第一波快速的城市化，凡是买房子的，几乎都是赢家。也就是说，好像有一种规律，过去 30 多年中，总有一个领域，许多傻瓜进去了都会发财，人类历史上从来没有见过这样规模的财富增长。另外，中国任何一个耐用消费品，冰箱、彩电也好，电脑、汽车也好，都是 10 年就普及了，背后有中国文化的因素，特别是攀比心理，你有的，我也要有。说起来真有点害怕，太物质主义了。但还是我刚才讲的，这些都是过渡时期的问题，中国人富裕起来了，这首先是好事情，要加以肯定，中国其他方面也会逐步走向平衡。

还有就是家庭中位净资产的变化，我仔细查了一下，2010年，美国的中位家庭净资产是 7.73 万美元，按照昨天的汇率约合47.5 万元人民币，法国多一点是 11.5 万欧元，大概是 97.7 万元人民币，欧元区中位水平是 10.9 万欧元，折合人民币 92.6 万元。那么中国已经有多少人的财富超过 50％ 的欧洲人和美国人了呢？大家可以结合自己了解的情况进行比较。我经常坐出租车，上海出租车司机大都认为自己是弱势群体，但是他们多数人的资产早就超过 50％、60％ 的欧洲人和美国人。中国已经崛起到今天这个地步，我们应该是最自信的时候，但是因为种种原因，特别是十八大之前，网上一片骂声，把中国说成世界上最失败的国家，是国将不国的模式。我就写了《中国震撼》，我说中国的模式所取得的成绩，除以 2、除以 4、除以 6，都可以和任何采用西方模式的非西方国家比，而中国形成的发达版块规模已经和美国人口相当，可以叫板任何发达国家。中国这种成功的背后是中国形成了自己独特的发展模式。这个模式，虽有不足，但可以克服，它已经带来了中国的崛起，而且前途无量。之后又写了《中国超越》，形成了我的"中国三部曲"，我今天谈的内容主要来自《中国超越》这本新著。

　　那么什么是中国模式？中国模式开始有一点争议，我们一些领导人过去也说过没有中国模式，但我觉得是有的，关键看你怎么界定。我说中国模式有狭义的层面和广义的层面。狭义层面讲的是中国人的一整套做法、一整套经验，广义的层面包括我今天要讲的制度安排和背后的意识形态。

　　我们官方现在还有一个词叫中国道路。中国道路我们知道指的是中国特色社会主义道路。中国模式和中国道路有什么区别？我自己理解是在狭义上有所区别的，中国模式更多是讲一整套的做法和制度安排；而道路除了谈做法和制度安排，还更为突出意识形态因素，是社会主义还是资本主义。但是在广义上，这两个概念是相通的，意思大致相同，唯一不同的是中国模式这个概念在国际上交流比较方便，一讲人家就懂，说中国道路，英文难译，很多人一下子搞不清楚，以为是南京路、北京路，还有一条中国路。

　　关于中国模式有几种误解。一是说中国模式是外国人首先提出来的，不少文章说，中国模式是美国学者雷默 2004 年谈"北京共识"时提出来的，这是不对的。20 世纪 80 年代中期我在外交部做翻译，有机会直接接触中国的一些领导人，包括邓小平，邓小平多次说过中国模式。他指的就是中国自己的一整套做法，《邓小平文选》第三卷有邓小平 1988 年 5 月会见莫桑比克总统的谈话，他当时说，中国有中国自己的模式，莫桑比克也应该有自己的模式。

第二种误解是模式等于样板，要别人照搬。模式这个词确实有样板这一层的意思，但是还有另外一层意思，就是一系列行为和经验的归纳与总结。我们改革开放当中，多次用过这个词，深圳模式、浦东模式、张江模式，相信也会有中欧模式，只是强调一个地方经验的总结，没有强加于人的意思。

第三种误解是中国模式还没有完全成功的定型，所以讲中国模式还为时过早。其实，一个模式一旦成型不变了，恐怕就开始出现问题了。福山说历史终结论就是说的西方制度定型不变了。乾隆皇帝1793年见英国特使的时候，英国特使说我们要贸易，而乾隆皇帝说，我们代表了世界最好的国家，不需要和你进行贸易，也不需要向你学习、借鉴什么东西，这就是当时中国版的历史终结论。回头证明这是一个转折点，我们开始走下坡了，西方现在也是如此，以为自己代表了人类最好的制度，其实早已问题成堆，积重难返，当然现在开始反思西方模式的人也越来越多了。

现在有两种人是不赞成中国模式的。第一种是不赞成模式的提法，认为应该用"中国道路"，我刚才讲了两个概念的异同，所以对于这些人，我觉得没什么问题。第二种是不赞成中国模式内容的人。在他们看来，中国人哪里有资格谈论什么中国模式，世界上只有普世价值的模式、西方模式，怎么会有中国模式。说中国模式是大逆不道的。我反对这种看法。

　　学者潘维曾经调侃过持这种主张的人，他说："批评中国模式主要有三个观点，第一，中国还不完善，还有很多缺点。然而现实世界怎么可能会没有缺点，怎么可能有完美的国家呢？当然有，美国完美无缺，美国经验完美无缺，所以可以有美国模式，不能有中国模式。第二，中国还处于变化当中。而现实世界怎么可能不变化呢？哪一个国家几十年没有变了？当然美国没有变，美国 200 年都没有变，所以可以有美国模式，不能有中国模式。第三，中国太特殊，中国经验不能扩散，而且扩散有害。但是哪一个国家的经验不特殊，能扩散呢？美国经验可以扩散，人家可以照搬，所以可以有美国模式，不能有中国模式。"

　　前几天在凤凰卫视做"世纪大讲堂"节目，他们问我台湾地区的民主情况怎么样？我说从希望到失望，他们问下一步呢，我说从失望到更大的失望，但不至于到绝望，为什么不至于绝望？因为有中国模式，中国模式创造大量的机遇。台湾的人口比上海还少，上海是 2 500 万，而台湾是 2 300 万，而此时此刻最保守估计至少有 150 万台湾同胞在中国大陆生活、学习、工作。换言之，中国模式为台湾同胞创造大量的机遇。另外，中国模式产生的领导人总体上比台湾成熟得多。举个例子，2008 年奥运会，台湾的马英九也跟着西方喊抵制奥运会，但成熟的中国大陆领导人，没有太在乎，事实上还是对马英九表示了某种支持，因为他至少认同"九二共识"。现在台湾已经没有"台独"的本钱了，台湾地区已经成为对中国大陆经济依赖度最高的经济体之一，另外两个地区是香港和澳门。所以说"台独"成功的概率是零。如果要独立的话，他们的楼市、股市都会全面崩盘，经济也会全面崩盘。

我觉得随着中国的崛起，除了要用外国的标准来看世界、看中国，还要学会用中国的标准看外国、看世界。比如说对于政治制度质量的评估。西方推动民主原教旨主义，认为只要是多党制、一人一票就是好制度，否则就是坏制度。而邓小平提出的判断政治制度质量的标准，包括政局是否稳定、人民是否更加团结、人民生活是否改善、生产力是否持续发展。如果说以这些标准来评价台湾地区的政治制度，打分的话，就是 C - 的水平，因为他政局不稳定，人民不团结，多数人的生活没有得到改善，生产力没有得到持续发展。乌克兰"颜色革命""阿拉伯之春"后，都是这样的情况，我觉得邓小平提出的这个中国标准更靠谱、更站得住脚。

下一个问题是文明型国家，如何界定也不难。我们都知道，伟大的古代文明包括古埃及、古印度、两河流域文明，都在历史的长河中灰飞烟灭了，没能持续到今天。例如，穆巴拉克说埃及有 8 000 年文明史，但是实际上古埃及文明和今天的埃及没有任何关系：不一样的语言、不一样的文字、不一样的人种。我曾经问过英国人说，你们大学毕业生有多少人可以读得懂莎士比亚，那是 17 世纪的剧作家，大部分人读不懂。而我们记录 2 500 年前孔子言行的《论语》，一个好的高中生就可以看懂。中国的历史和文化以及后面整个的思想连续性都没有中断。一个超大型的现代国家和一个延续不断的古老文明重叠在一起，就是文明型国家，就是我们中国。我自己总结说有四个"超"，就是超大型人口规模、超广阔疆域国土、超悠久历史传统、超丰富的文化积淀。

一个文明型国家自然有自己独特的制度安排。我自己总结是"一国四方"，"一国"就是一个文明型国家，"四方"就是四个方面的制度性安排。首先，政党制度方面，中国的特点是国家型政党。其次，民主制度方面，中国的特点是协商民主。再次，组织制度方面，中国的特点是选贤任能。最后，经济制度方面，中国的特点是混合经济。

中国以这么快的速度在崛起，我们不能再回避政治制度问题了，我们应该建立自己的制度自信，我们的制度有不少问题，但就现在这个水平也可以和我们的对手竞争，我们的制度经得起国际比较。

首先是政党制度。这好像是西方批评我们最多的地方。一说政党，他们就说100多个国家都是多党制的，就中国是"一党制"。但是这些国家大都没有中国成功，乌合之众不在少数。更重要的是，中国的政党和西方的政党是完全不同的概念。西方政党理论，说简单很简单，就是一个社会由不同利益集团组成，这些利益集团都要有自己的代表，就是多党制度的起源，然后通过竞选，选票多的胜出，这叫作由分到合，最后是通过票决制来整合的。为什么采用西方这种制度的非西方国家失败情况非常多，就是因为非西方国家一旦采用西方制度，分了之后就再也整合不起来了。中国台湾是南北分裂，所谓"爱台"的南部和"卖台"的北部，完全是人为造成的。泰国是城乡分裂，农村人多数支持他信和英拉，城市里的人多数反对他们。连韩国这样的国家，仔细看他的民主问题也是很严重的。它是"道籍"分裂，也就是"省籍"分裂，一个地方的人往往只选自己地方的人。

中国要是采用这种制度的话，也会是这样的，上海人选上海的，安徽人选安徽的，最后中国四分五裂。我们从汉朝开始，政治传统就是一个统一的儒家执政集团执政，一个超大型的国家，一个"百国之合"国家的治理，就是要有统一的执政集团。我们的官员，汉朝的时候叫察举，地方推荐到中央，然后中央政府考察和试用，从隋朝开始实行科举制，有教无类，考上了就可做官，甚至官至宰相。统一的儒家执政集团是中国的政治传统，如果一定要套用西方政党概念的话，那么我可以说过去两千多年中，我们最保守的估计95％的时间里都是一党制。而在过去两千多年里，至少有3/4的时间，中国是远远领先于欧洲的。后来闭关锁国产生很多的问题，但现在通过改革开放又迅速崛起。过去20年中，如果你从上海移民美国的话，对不起，你今天回来可能已经是穷人了。这是历史大潮，一个是超级大国，曾经非常辉煌，但是今天正在全面走下坡路；另一个是正在迅速崛起的超大型大国，以人类历史上前所未闻的速度和规模崛起，人民的财富大幅度增长，当然这个过程也带来不少问题，但成绩远远大于问题。

我们国家型政党也包含了红色基因，它是社会主义政党传承的延续和发展。戈尔巴乔夫认为苏联共产党要改革，改不下去就垮掉算了。据说，邓小平曾私下评价过戈尔巴乔夫，邓小平说，这个人看上去很聪明，实际上很蠢。我跟不少俄罗斯人讲这个评价，他们说完全正确。今天在俄罗斯，他的支持率低于3%。但是在西方，至今他都非常受欢迎。这么大一个超级大国就崩溃了。了解了苏联和俄罗斯经历了戈尔巴乔夫和叶利钦两个弱势政府，最后导致国家解体、经济崩溃、男性人均寿命一度降到50来岁，我们就可以理解为什么强势的普京在俄罗斯如此受欢迎。同样，今天中国的国家型政党也包括了西方元素，它是一个现代化导向的政府，某种程度上是世界上最具现代化意识的政党。

我今年3月访问德国，去了德国国会大厦办公楼，里面有个雕塑，大厅里悬挂着四艘可以上下浮动的不同颜色的船，代表了德国的不同政党，含义是你这个党下台了也不要紧，以后还有机会上来。与德国议员座谈，他们让我解释中国共产党，我说给你做一个通俗的解释，把这四条船合在一起，就有点像中国共产党。

其次是协商民主。西方坚持只有他们的民主才叫民主制度，其他的民主都不算民主，但中国民主的形式主要是协商民主，为什么？我不太看好一人一票，尽管我们在村一级进行一人一票的选举，已经20多年过去了，但我们做了一些调查，1/3的结果马马虎虎，1/3的结果非常糟糕，家族、黑社会、金钱政治都出来了，还有 1/3 也不容乐观。那么和英国、美国人比，是不是一人一票不是我们的比较优势。以上海为例，上海是中国最发达的版块，但所有的小区都是请专业的物业公司来管的，在国外很多情况下，都是居民自己组织起来进行管理。中国人比较相信具有一定公信力的专业管理机构，对于国家来说就是政府，对于小区来说就是物业管理公司。另一个问题就是人口的规模，在任何一个其他国家，如果说一个决定得到 90％的人支持，只有 10％的人反对，那太好了，因为 10％是绝对少数。但是 10％在中国就是 1.3 亿人，这些人的关切你可以不理睬吗？所以还是要协商协商。

　　另外中国民主还有一个特点，就是它的广泛性。西方民主是严格界定在 4 年或者是 5 年一次的投票选总统，除了选举之外，其他领域内几乎没有民主，企业、学校、公司、基金会里，没有什么民主，老板说了算。但在中国，我回到复旦大学后参加了一些活动，比如说我们上个星期进行了中层后备干部的选拔，每个人发一张单子，把所有"70 后"的副研究员都列上，然后让大家海选一下，谁比较合适。这在西方是没有的。我们研究院的教师工会每年还要给院长、副院长打打分，这在西方大学里没有的。他们的民主只是在选举国家领导人，四五年一次而已。当然我不是说中国的做法一定就好，比方说单位评先进什么的，老板定了就可以了，大家评来评去，结果造成很多矛盾，效果并不一定好。

　　总之，在民主建设的摸索过程当中，中国当然有一席之地。

我们现在实行一种新型的民主集中制，民主集中制是从苏联来的，但他们的民主集中制后来变成了只有集中，没有民主。而中国现在已经真正地形成了新型的民主集中制，从群众中来，到群众中去，这不是空泛的东西。中国决策过程当中，都是尽可能地民主，尽可能地倾听专家的意见、方方面面的意见，一个五年计划的互动过程长达一年多，成千上万次的磋商，最后形成的东西就比较靠谱，而不是像美国那样，小圈子里做出决定，然后通过公关公司出售给公众，英文叫 sell to the public。我们决策形成的合法性总体上更强，具体落实时还要强调因地制宜，因为一个超大型的国家情况太复杂了。

我们的民主制度也融入了选举和民调等西方元素，所以我们的民主制度包含了历史基因、红色基因和西方元素。定期制定规划也意味着不时地创造新的预期，预期又创造新的需求。比如说高铁规划到哪里，地铁建到哪里，实际上是创造一种预期和需求，这也是中国经济得以持续发展的一个重要原因。

我们组织制度的特点是选贤任能。中共最高执政团队，就是中共中央政治局常委，他们至少担任过两任省部级的负责人，大都做过两任省委书记，甚至三任，要治理好这么大范围内的地方，才可以拿到政治局常委的"入场券"。这应该是世界上最具竞争力的政治制度。这个制度安排包含了传统基因，如科举制的传统；包括了红色基因，毛主席说过"政治路线决定之后，干部就是决定因素"；也包含了西方因素，如选举、公示等。

　　我在给《纽约时报》的文章中还提到了"上上策和下下策"，因为英国政治家丘吉尔有过一个说法，他说民主是最不坏的制度，人类试了很多制度，民主制度相对而言是最不坏的制度，我仔细查了丘吉尔讲话的出处，1947 年在英国下院，他是在西方的政治语境中讲这番话的。因为丘吉尔本人是帝国主义者，他根本不同意印度独立，怎么会同意印度采取西方民主制度呢？他讲最不坏的制度，我就说了，用中国人的说法，"最不坏"就是下下策。现在我们的制度设计也包括了下下策，那次和福山辩论的时候，他说中国没有解决"坏皇帝"的问题，我说中国这些年，通过政治行政体制改革，已经从制度上解决了"坏皇帝"的问题。所谓的下下策就是保底，就是美国总统可以担任两任，8 年。中国现在最高领导人也是两任，10 年。而这当中还有年龄的限制，到一定年龄你必须退，这个西方还没有，像美国参议员都是干到死，而在中国是明确的，再能干到了年龄也要下来。这很大程度上就是保底的安排。所以中国不会出现阿拉伯国家那样穆巴拉克执政近 30 年的情况。但除了下下策，我们还有上上策，就是你必须尽一切可能，来寻找尽可能德才兼备的领导人。我前面讲了我们的标准，两任省部级经历的要求就是这种努力的一部分。所以我们现在的制度安排是上上策与下下策结合，它超越了西方模式。

　　西方玩他的民主游戏，他有财富的积累，我说很像被宠坏的孩子，家财万贯，可以这样玩。比利时 500 多天没有中央政府他还可以生存，那是因为他有积累，他敢玩这个游戏。而一个穷国，一个发展中国家，染上了被宠坏的孩子的毛病，就无药可救了。随着中国的崛起，随着中国选贤任能模式的崛起，西方这种游戏民主也将遇到越来越大的挑战。

福山最近出了一本新书，叫《政治秩序的起源》，他说道：在公元前3世纪，中国已经存在了一种非常稳定的所谓现代性制度，而欧洲国家，比如说法国、俄国，他们一直到18世纪才实现，在这个意义上，中国要比欧洲先进2 000多年。他讲的这种制度主要就是指通过考察或考核的、比较中性的选贤任能制度。

我上半年去欧洲做过一个讲座，介绍中国模式。当时有一个法国的学者问我说，中国现在经济进步很快，但是为什么还是拒绝西方的现代性？我说我最近刚刚去海牙两个地方看了一下，一个是荷兰伟大哲学家斯宾诺莎的故居，一个是荷兰的瓷器博物馆。斯宾诺莎发现，中国是一个"自然宗教"的世俗国家，政教分开的，欧洲当时都是政教合一的国家，所以欧洲历史上，宗教战争是上千年。另外在这个瓷器博物馆，17世纪荷兰是欧洲最发达的国家，进口了中国大量的瓷器，大概等于今天的ipad，中国瓷器让荷兰人赚了大量的钱。他们的学者发现，中国瓷器不光是工艺精良、制作优美，关键是上面的图案。欧洲当时政教合一，所有艺术品主题都是宗教，都是上帝；而中国瓷器上展现的东西都是民生，全是儿童嬉戏、老人垂钓、妇女织布，这就是当时的现代性，政教分离就是现代性，也是欧洲启蒙运动的起点。现在有不少人在研究，启蒙运动是怎么开始的，当时是东学西渐，欧洲多数的启蒙思想家认为中国就是他们的理想国。后来欧洲对中国的态度改变了，开始对中国歧视了，这是 18 世纪从孟德斯鸠和黑格尔开始的。他们开始否定中国，这也是欧洲种族主义兴起的时候，孟德斯鸠是欧洲种族主义理论的鼻祖之一。他们当时所说的很多东西，现在看来是根本经不起推敲的。

最后我讲讲中国崛起的逻辑。台湾地区我去了 8 次，和他们讨论民主问题。曾有台湾地区学者问我，在东亚国家，大的趋势是从极权主义到威权主义，然后到民主化。他问我中国大陆现在处于哪一个阶段。我说你这个结论是"历史终结论"的逻辑。我说很对不起，我研究得出的结论不是这样的，中国不可能按这个逻辑走。研究中国要好好地考察中国，了解中国的历史和文明，要接地气。

中国是一个文明型国家，文明型国家有自己发展和崛起的逻辑。这个逻辑就是：中国历史上长期领先于西方，过去两千多年，中国在至少 3/4 的时间里是领先的，这种领先有其深刻的原因。18 世纪开始中国落后了，错过了工业革命，但现在又赶了上来，这种"赶超"也有深刻的原因。今天赶超成功的原因和过去长期领先的原因之间是有继承和发展关系的，这就是文明型国家发展和崛起的逻辑。

在场一位研究波兰团结工会的美国学者说，她周边的学者都告诉她，中国要崩溃了，中国政治体制肯定支撑不下去。我说西方的中国崩溃论已经有 20 多年了，一次又一次不停地推移时间，实际上中国崩溃论自己已经崩溃。我说我关于中国的预测基本上都是准确的，我的预测是 10 年内，中国经济规模将超过美国，中国将成为世界最大的经济体。有人说，那也没什么了不起，中国的人均 GDP 仍然只有美国的 1/4，但是这个成就还是了不起，它将实质性地改变世界政治和经济格局，这将是很大的事情。

我自己还进一步预测，10 年内，中国中产阶层的人数。我用一个经济标准，叫一份相对稳定的工作，加一套产权房，包括所有的"房奴"，因为西方"房奴"的比例比中国还高，到时候中国中产阶级的人数将是美国人口的两倍。我说你今天不承认中国的政治制度，不承认中国共产党的作用，不承认中国模式，我都不在乎。但是 10 年之后，还是不承认的话，你就不能解释中国所取得的巨大成功。当然，那个时候中国也不在乎你是否承认。坦率来讲，今天中国也不在乎你承认不承认。总之，中国前途非常光明，大家一定可以大有作为！

谢谢大家！

2014 年 5 月于中欧国际工商学院

超越西方和西方模式

我走访了 100 多个国家后，一直有一个愿望，就是把走访百国后对中国的思考，特别是对中国崛起、中国模式、中国未来的思考写下来。于是，我写了《中国触动》，又写了《中国震撼》，两本书出版后，受到了许多读者的欢迎，特别是《中国震撼》所受的欢迎程度出乎我的预料。有人甚至说，《中国震撼》震撼了中国，这应是夸张之语，但我知道这本书确实影响了不少人。

《中国震撼》出版后，自己言犹未尽，于是就有了今天这本《中国超越》。这本书和之前的《中国触动》《中国震撼》一起构成了我的"思考中国三部曲"，这也算完成了自己多年的一个心愿。

这三本书有一些"共性"：

一是广泛的国际比较，和发展中国家比，和转型经济国家比，和西方国家比。我老讲一个观点，不是中国模式好到天上去了，它有自己的问题，但在全方位的国际比较中明显胜出。

二是较为强势地回应了西方话语的挑战。坦率地说，西方国家这些年确实在吃老本、走下坡，严重缺乏活力，但它还有"话语红利"，可以用一些浅薄的话语忽悠一些国人。中国已经崛起到今天这个地步，如果我们还是被西方话语忽悠而使中国全面崛起功亏一篑，那我们的后代将会埋怨我们：你们怎么搞的，一手好牌，当时怎么打成了那个样子？可悲的是国内知识界和媒体界的一些人，怎么也自信不起来，只会全面否定自己的国家和制度，简直到了荒谬的地步，把中国这个世界上进步最快、人民生活改善最大的国家描绘得凄凄惨惨，国将不国了。我比较强势地回应了这些质疑和挑战。

实际上，这本新书的第一章第一节讲的就是：一出国，就爱国。这些主张全盘西化者的最后一张王牌，不就是他们想象中的无比美好的西方世界吗？当这张王牌也失灵的时候，他们还剩下什么东西来帮着美国忽悠中国呢？所以我干脆把这一点点破。不久前，好莱坞上映了一个新电影，名字叫《她》（Her）：电影的故事发生在洛杉矶，但电影的部分背景是上海浦东陆家嘴，人家问电影导演斯派克·琼斯（Spike Jonze），为什么用上海的背景来拍洛杉矶的故事，他说，他眼中的上海就是"世界城市的未来"。这某种意义上就是我讲的"超越"，而且这不是一般的超越，这是一种不可逆转的超越。

三是这三部曲尝试了话语创新，也就是用中国人自己的话语来指点江山，来评论中国和世界，这包括话语内容的创新和话语形式的创新。我认为中国的崛起一定要伴随自己话语的崛起，否则这种崛起是靠不住的。

除了上述的"共性"外，《中国超越》也有自己的"个性"：它谈的是中国对西方和西方模式的超越，特别是对美国和美国模式的超越。对于一些国人来说，超越西方、超越美国还是不可思议的事情，但我在西方长期生活过，美国去过无数次，走访了所有西方国家。对我来说，中国在越来越多的方面赶上和超越西方和西方模式，超越美国和美国模式，是不争的事实。

我在书中探讨了中国对美国在经济总量上的超越、百姓资产上的超越、社会保障上的超越、科技创新上的超越、制度安排上的超越、政治话语上的超越。在这些领域，我们在不少方面已经超越美国，在许多方面不久将超越美国，在另外一些方面，通过继续不断的努力，最终也可能超越美国。

让我举几个例子。

一是从经济总量来说，现在绝大多数的国际主流研究机构都认为，如果按照购买力平价，乐观一点的估计是，中国经济总量今年就可能超过美国，谨慎一点的估计是3—5年内中国将超过美国。如果按照官方汇率计算，中国经济总量应该在10年之内超过美国。这将是改变世界格局的大事。不必骄傲自满，但绝不能妄自菲薄。重返历史之巅，这是中国人百年奋斗的梦想，将在不远的将来实现。

二是从百姓资产来说，从家庭净资产来看，中国家庭净资产增长迅速，美国家庭净资产则下降了不少。30年前中美双方进行家庭净资产的比较是不可思议的，因为双方的差距太大，今天这种比较则呈现了一种完全不同的景象。根据 2012 年 6 月美联储关于美国消费者金融状况调查（Fed's Survey of Consumer Finance），美国这些年中位家庭净资产一路走低，2010 年为 7.73 万美元（约等于 47 万人民币），与最高峰的 2007 年相比，下降了 38.8%（2007 年的家庭净资产为 12.6 万美元，约等于 76 万人民币）。美国国家是债务经济，美国家庭也是举债消费，当你把美国家庭借来的钱统统排除，美国一般百姓的家底并不厚。而中国一半左右的城镇居民的家庭净资产估计已经接近或达到 47 万元，而在与美国人口相当的中国发达版块，多数家庭的净资产早已超过了 47 万元。在中国发达版块，47 万元家庭净资产应属于弱势群体了，甚至属于贫困阶层了。不管今天的中国还存在多少问题，中国多数家庭经历了一场财富革命，我们对此首先要肯定。整个人类历史上，从未见过一个国家在这么短的时间内，这么多人的财富这么大幅度地增加。当然，财富的迅速增长也带来自己的问题，但中国的问题都说得清楚，最终也都有解。

美国人老喜欢在世界上教训别人，但按诺贝尔经济学奖获得者斯蒂格利茨的评估："美国今天的中位实际收入比 1989 年（即 25 年前）的水平还要低；全职男性员工的中位数收入还不如 40 多年前的水平。"坦率地讲，这样的国家是应该被别人教训的，而不是教训别人。

有人说，美国人均 GDP 比中国高很多，怎么可能家庭净资产与中国家庭相差不大？我说这不正好印证了邓小平经常讲的一个观点：虽然我们的人均 GDP 不算高，但我们实行社会主义制度，所以人民得到的实惠比较多。我们今天纪念邓小平诞辰 110 周年，中国这样亮丽的成绩单应该是对邓公最好的纪念。顺便说一句，中国崛起也意味着我们要推动指标体系的创新，否则就难以准确把握这个世界的真实情况，就容易被人忽悠。我走的地方多，要了解一个国家百姓的真实生活水平，我认为两个指标很关键：一个是家庭净资产，一个是人均预期寿命。

上面已经谈了家庭净资产，我们不妨再比较一下中美两国的人均预期寿命。人均预期寿命是一个综合指标，反映了一个国家的综合发展水平。非洲国家的人均寿命才 50 岁左右，一般发展中国家是 60 多岁，中国已经达到 75 岁，美国是 78 岁，而中国的人口是美国的 4 倍。中国的发达版块与美国人口相当，预期寿命已经达到 80 岁左右，上海的人均寿命是 83 岁，北京是 82 岁，均高于纽约的 79 岁，而纽约还是美国最高的。

四是中国在政治制度安排上对美国政治制度的超越，这也应该是最有意义的超越。我从"文明型国家"的视角出发，探讨和论述了中国自己的一整套制度安排。我认为一个现代国家的制度安排，关键是要确保政治、社会和资本三种力量达到一种有利于绝大多数人利益的平衡。"美国梦"今天之所以风光不再，主因就是美国的资本力量似乎已经压倒了政治和社会力量。相比之下，中国模式尽管还在完善之中，但中国的政治、社会、资本三种力量的平衡确实更加有利于多数人利益的实现，这应该是中国过去 30 多年中，多数百姓生活水平大幅提高的主要原因。

坦率地讲，中美两国政治制度的最大差别就是：100 个最富的中国人不可能左右中共中央政治局，而二三十个最富的美国人就可以左右白宫了。如果双方的政治制度安排这样延续下去的话，我们可以推论：中国梦实现的前景将比美国梦的前景远为光明和精彩。

两个月前，复旦大学中国发展模式研究中心与英国牛津大学中国中心共同举行了一场关于中国模式的研讨会，不少西方学者还是习惯地指责中国政治制度。我很坦率地告诉他们：今天的中国每 3 年创造一个英国，过去 10 年，我们创造了 3 个英国。如果英国继续沿着英国模式走，包括英国的政治模式和经济模式——这是一个几十年没有长进的模式，中国继续按照中国模式走——这是一个不断与时俱进的模式，我估计我们不久将每两年就创造一个英国。我们的模式，虽然还在完善之中，但就现在这个水平，也可以和西方模式竞争，就像今天的上海，虽然也有不少问题，但它一点也不害怕和纽约、伦敦竞争。我们欢迎这种竞争。

最后是话语的超越。西方话语下讨论中国未来，几乎都是"历史终结论"的逻辑，他们解读中国的发展是从所谓的"极权模式"走向"威权模式"，再走向西方"民主化"模式，这种逻辑导致了他们对中国的预测总是一错再错。我从中国话语出发，认为中国是一个"文明型国家"，她的发展有自己的逻辑，这个逻辑就是：中国历史上长期领先于西方，过去两千多年，中国在至少 3/4 的时间内是领先西方的，这也是我新书副标题所讲的"一个'文明型国家'的光荣与梦想"。中国从 18 世纪开始落后了，错过了工业革命，有其深刻的教训，但中国现在又通过自己独特的发展模式赶了上来，并在越来越多的方面超越西方和西方模式，最终将实现对西方和西方模式的全面超越，这就是我讲的"一个'文明型国家'的光荣与梦想"。中国今天的这种"赶超"成功的原因和中国历史上领先西方国家的原因是一致的，是正向关系的，这就是"文明型国家"崛起的逻辑。

中国是带着孔子、孟子、老子、庄子、墨子、荀子、孙子等伟大先哲的深邃思想而崛起的，中国是经历了上千万人流血牺牲后真正获得了民族独立而崛起的，中国是在与世界全面互动并借鉴了其他文明无数长处之后而崛起的，这种国家的崛起不仅在物质财富上，而且在制度安排上，在文化理念上一定是超越西方和西方模式的，并一定会深刻地影响世界未来的格局和秩序。

《中国触动》《中国震撼》《中国超越》，这三部曲的书名，似乎也展示了一种逻辑：先是触动全球，然后震撼世界，最后就是超越，也就是在越来越多的方面超越西方和西方模式。中国模式代表了历史前进的正确方向，中国一定拥有伟大而精彩的未来！谢谢大家！

2014 年 8 月于上海书展

读懂中国政治制度的五个关键

大家在讨论中提到了一些很有意思的问题，如"为什么中国只有经济改革，没有政治改革？""没有政治体制的改革，中国怎么可能成功？""中国政治体制面对的是社会力量的不断壮大，中国的一党制能够适应吗？"我不打算一一回应这些问题，而是指出：这些问题背后的基本假设可能是错误的。如果换一个角度，即从中国人自己的角度来看事情，我们则可能得出截然不同的结论。中国经济之所以能取得成功，中国政治制度是关键原因。这个制度一直在不断地进行微调，以适应各种新的挑战。下面我想从五个方面谈谈中国的政治制度。

第一，一党执政。其实，在中国漫长的历史上，这并不是什么新鲜事：从公元前 221 年秦始皇统一中国开始的两千余年的大部分时间里，中国实行的大都是某种形式的"一党执政"，或者更加确切地说，一个统一的、通过科举考试选拔出来的儒家执政集团在执政。这个集团可能真的代表了天下苍生，也可能只是口头上代表了天下百姓。但比较同时代的欧洲国家，"一党执政"

下古代中国在大多数时期都比同时期的欧洲国家治理得更好，经济更繁荣，和平更持久。后来中国由于闭关锁国等原因，与 18 世纪的工业革命失之交臂，中国开始落后于欧洲。而今天，中国又在"一党执政"下迅速地赶超西方。

中国共产党还是继承了中国古代的传统，基本上建立了一个选贤任能的干部制度。中共中央政治局的绝大多数常委都有极为丰富的治国理政的经验。与古代的情况相似，今天的中国共产党也表明自己代表中国人民的整体利益；不同的是，中国共产党今天还肩负着让中国重返世界头等强国的历史使命。过去 10 年中，许多独立可信的民调，包括美国皮尤研究中心的民调和"亚洲动态"的民调，均显示中国中央政府在民众中享有极高威望，支持率怎么都超过 75％。西方媒体总是宣称中国政治体制处于崩溃的边缘，这是严重脱离中国国情的误判。

坦率地说，西方语境中的"政党"概念，用在中国共产党身上是不准确的，中国共产党这个"党"和美国民主党、共和党的"党"有着完全不同的含义。西方的政党公开代表社会中部分群体的利益，为了当权，政党之间互相竞争来争取选票。中国共产党遵循着中国自己的政治传统，力求代表整个国家绝大多数人的利益。至少到目前为止，中国多数老百姓也接受这个事实。

在这个意义上，中国共产党应该被看作是一个"国家型政党"，也就是代表一个国家整体利益的政党。如果我们换一个虚拟的美国政治语境，那么中国共产党至少等于共和党与民主党两党之和再加上其他政治力量，而中国共产党内部在执政理念和工作能力方面都鼓励良性竞争，同时又高度重视实干精神和共识精神。

中国不是一个正在等待"颜色革命"的放大版的德意志民主共和国或保加利亚。中国是一个文明型国家，是世界上延续时间最长的古老文明与一个超大型现代国家的结合；它是一个由成百上千的国家在自己的历史长河中不断融合而形成的超大型国家。这样的国家，如果采用西方对抗性的政治制度，可能变得无法治理甚至走向分裂。苏联解体的悲剧对中国领导人可谓前车之鉴。

第二，新型民主集中制。中国的成功离不开国家决策过程的大幅改进，这个制度安排可被称为"新型民主集中制"。旧的苏联式的民主集中制内，"集中"过多，"民主"过少，结果带来很大的问题。中国今天实行的已经是一种全面改良过的民主集中制。这个过程已经将决策的程序和责任制度化了。在中央政府做出重大决策的过程中，往往会向数以千计的智库、政府机构、高校、学者、专业人员征询意见，甚至会从微博等社交媒体的激烈讨论中吸取有用的建议。最近通过的十八届三中全会关于全面深化改革的决定就是一个很好的例子。由习近平亲自担任组长的三中全会文件起草小组在半年时间内，向全国上下 100 多个机构征集了超过 2 500 条建议，最终采纳了近一半的意见。在决策过程中，7 名常委分别前往中国各地进行调查研究、听取各方意见，再经过慎重的讨论，最后才出台了这个决定。所以这种决定往往能够反映中国社会业已存在的广泛共识，这种共识涵盖了医疗改革、计划生育政策、推迟退休年龄、银行系统改革、教育改革和废止劳教制度等许多领域，而且许多政策已经在小范围内进行过试验并取得了良好的效果。

这样的决策过程也具有合法性，所以中国很少需要像美国那样，先在小圈子里做出决定，然后再依靠公关公司向公众"出售"（sell to the public）政府的决定。只要中国中央政府遵循这样的过程做出的决定，接下来基本上就是"学习"和"落实"或者是进一步的试点。

第三，预期创造和需求创造。从广泛的咨询和磋商，到媒体和网络上对许多公众关注议题的讨论，到重大决策的制定和最后公布，这个过程在中国已经基本上定期化和制度化了。这个定期化和制度化的决策过程往往能使公众产生对于发展的新预期，新预期又创造新的需求，而且往往是中长期的需求。从普通股民到民营公司到国有企业，中国社会上上下下对五年计划等决策都高度关注。在过去30多年里，中国一直保持了比较高的速度增长，离不开这种经常性的预期创造和需求创造。

第四，发展管理。中国确实形成了自己的发展模式，其重要的特点之一就是"发展管理"，这也许可以与西方发明的"公共管理"相对应。中国的国民经济五年计划和每年的中央经济工作会议，乃至地方政府出台的许多发展规划，都是中国"发展管理"的重要组成部分。最终中国的大学或许能够开发出一整套

"发展管理"的课程，就像今天大学开设的"公共管理"课程那样。但中国的情况有其特殊性：中国今天的宏观调控早已超出了凯恩斯经济学的范畴，因为在"社会主义市场经济"模式下，中国政府可以采用的手段远远超出了凯恩斯所讲的财政政策和货币政策，中国还拥有其他许多国家不具备的一些"工具"，如国家掌握的土地资源和战略资源、一大批表现不俗的大型国企等。它们给予中国政府更大的宏观调控能力。

第五，"民意"和"民心"。上述四点的背后，蕴含着中国人自己的政治哲学理念，尤其是两个有一定差异的观念："民意"和"民心"。"民意"一般指公众舆论；"民心"则是指宏观意义上的"人心向背"。中国哲学家孟子早在两千多年前就提出了"得其心，斯得民矣"这个概念。中国人讲"民意如流水，民心大如天"，也就是说，"民意"很重要，但"民心"更重要。"民意"有时候可以反映"民心"，有时候不能反映"民心"。在互联网时代，"民意"甚至可能在一个小时内就发生变化，但"民心"一定是一个相对稳定的东西，用现代政治学的话语，"民心"反映的应该是一个民族整体和长远的利益。所以一流的治国应该是"民心治国"，而非简单的"民意治国"。在过去 30 多年里，即使经常受到民粹主义的压力，但中国执政者在大多数情况下还是可以实行"民心治国"。这使中国得以进行中长期的规划，甚至为下一代的发展进行规划，从而避免像许多西方国家那样，最多只能规划 100 天或者只能规划到下一次选战。

　　中国还面临着许多严峻的挑战，如腐败问题、地区差异、环境恶化等。但中国目前还是处在自己近代史上最好的时期。今天的中国是世界上最大的经济、社会和政治改革的试验室。中国有一个适应性很强的政治体制。我们有理由相信，10 年内中国将成为世界最大的经济体，这将对中国和整个世界都产生全面而深远的影响。

2013 年 11 月于"21 世纪理事会"北京会议

三种力量的平衡比什么都重要

今天我高兴地在这里推出自己新著《中国超越》的英文版。今天正好是 5 月 27 日，是我的学校复旦大学 110 周年校庆的日子。"复旦"两字选自两千多年前的《尚书大传》中的"日月光华，旦复旦兮"，表示了中国人自强不息，振兴教育，实现民族复兴的信念和理想。这与本书的主题一致。我力求把中国崛起、中国道路和中国模式、中国的制度安排及其意义、中国对西方模式的超越等内容，尽可能客观完整地介绍给外部世界。

中国迅速崛起的 30 多年，是中国走向世界的 30 多年，也是中国模式形成的 30 多年。中国加入了世界范围内的制度竞争，同时也在这个过程中逐步形成了自己独特的发展模式。这个模式还在完善之中，但其总体的成功毋庸置疑。这种成功的最好表现就是中国的迅速崛起，是中国多数人生活水平的迅速提高，是中国多数民众对国家前途的普遍乐观。

在高度国际竞争过程中形成的中国模式，含有中国 5 000 年连续文明的传统基因、中国社会主义红色传统的基因，以及包括西方文明在内的其他文明的合理元素。正因为中国模式是这种"三合一"的产物，它在很大程度上是对西方模式的一种超越。具体来讲，在经济、社会、政治三个领域中，中国模式都展现了这一特性。

在经济领域，中国的社会主义市场经济是一种混合经济模式，它是超越"华盛顿共识"的。它是市场作用与政府作用的混合、"看不见的手"与"看得见的手"的混合、国有经济与民营经济的混合。虽然这个模式还有很多改进余地，但从中国于1992年提出"社会主义市场经济"至今的20来年，中国是世界上唯一没有经历过金融危机、财政危机和经济危机的大国，而且多数中国人的生活水平获得了空前提高，这种提高的速度和规模在整个人类历史上是闻所未闻的。仅此一点，中国模式就值得肯定，当然中国还可以做得更好。

在社会领域，中国模式的特点是社会与政府之间高度的良性互动，这种大规模的互动，在新媒体和移动互联网的时代，每时每刻都在中国大地上发生。某种意义上这也是对西方"社会与政府对抗"模式的一种超越。这种互动模式使中国社会充满了活力，使政府能够对社会的呼声做出更直接、更有效的反应。西方问责制仅限于四五年一次的定期选举，现在看来这种问责制，在新媒体和移动互联网时代，已难以满足人民对良政善治的广泛而迫切的需求。

在政治领域，中国模式也可以被概括为"选拔+选举"，这对于仅仅依赖选举的西方模式也是一种超越。这个模式的总体效果可圈可点。中国今天最高执政团队的素质和能力明显高于大众选举产生的政客。中国政治模式还包括了"新型民主集中制"。任何一个重要的决定往往都要经过上上下下的广泛磋商，从群众中来，到群众中去，所以中国多数决策能够比较全面地反映中国的民心所向和主流共识。

本书还从"文明型国家"的视角出发，论述了中国自己的一整套制度安排。一个现代国家的制度安排，关键是要确保政治、社会和资本三种力量达到一种有利于绝大多数人利益的平衡。中国模式尽管还有其不足，但中国的政治、社会、资本三种力量所达到的总体平衡，现在看来确实有利于多数人利益的实现，这应该是中国过去30多年崛起比较顺利的主要原因。

尽管中国模式取得了较大的成功，但中国无意把自己的模式强加于人，因为中国没有西方传教士的传统，也没有推销自己意识形态的疯狂意图。此外，别的国家要照搬中国传统也确有难处，因为中国模式背后是中国自己悠久的历史和文化传承，比方说，中国选贤任能的传统、民本主义的传统、比较中性和强势政府的传统都源远流长。另外，中华人民共和国是通过长达22年的武装斗争建立的，1949年之后与美国又有过两次大规模的冲突，即朝鲜战争和越南战争，这些都说明了中国捍卫自己民族独立和政治独立的坚定意志和决心。中国这种独立性和坚定性是一般国家难以企及的，也是中国今天成功的最重要的政治保证。

虽然中国无意向外推销自己的模式，但一个模式一旦较为成功，别人往往就会主动地向你学习，这种现象正在世界范围内出现。从这个意义上看，中国模式已经给世界各国带来了许多有益的启迪：

首先，中国道路的实践证明一个国家要想成功，就一定要根据自己的民情国情来探索发展道路。

其次，中国模式中的许多思想和做法，如实事求是、民生为大、渐进改革、先试验后推广、国家政治稳定的重要性等，对许许多多的国家都有借鉴意义。

最后，我们有理由相信，中国模式的成功可能会引领世界范围内政治话语范式的变化：由西方主导的所谓"民主还是专制"范式，将会越来越转向更为中性客观的"良政还是劣政"模式。"良政"可以是西方模式，也可以是非西方模式，同样"劣政"也可以是西方模式，也可以是非西方模式。

说到底，中国模式的相对成功是中国人为人类集体智慧作出的贡献。今天这个世界面临许多挑战，如消除贫困、反对恐怖主义、克服金融危机与财政危机和经济危机、中美如何建立新型大国关系、如何防止文明冲突等，这些问题的解决都需要人类的共同智慧，包括中国人的智慧。正是在这个意义上，《中国超越》英文版的出版，也许将有助于国际社会更好地了解中国人可以作出的贡献。我相信中国人今天所进行的伟大探索对于中国和世界都具有广泛而深远的意义。

2015 年 5 月于开罗书展

中国、美国、欧洲改革之比较

中国、美国、欧洲都在改革。2009 年美国总统奥巴马上台时的口号便是"变革"。我认为美国最需要的是改变"过度的资本主义",美国金融危机给美国老百姓带来巨大的伤害,给他们的资产造成巨大的损失;欧洲债务危机以后,欧洲政界已经达成改革的共识,其重点应该针对过度的福利主义,过度的福利导致债务经济,削弱了经济的活力;中国的全面改革从"文革"结束后开始,当时改革的主要对象是意识形态挂帅和苏联模式的计划经济。

从改革的结果来看,中国可能是相对最成功的。主要体现在 30 多年来经济的高速增长和人民生活水平的巨大提高。现在,中国的医疗保险、养老保险基本实现了全民覆盖,美国的医疗改革还没有成功。从 1992 年中国提出"社会主义市场经济"以来,基本没有遭遇欧美周期性的经济危机和金融危机,而人民的财富则经历了爆发性增长。

如今,美国改革遭遇的障碍恐怕是福山所说的"否决政治",

美国政治体制中的否决点太多，很难进行实质性改革。在欧洲，政客如果提出根本性改革，往往要下台，最典型的例子是德国前总理施罗德。德国之所以现在经济状况较好，相当程度上是因为施罗德执政时进行了福利制度改革，但他后来因为改革而下台了。这里就出现了一个问题：怎么解决改革和西方民主制度之间的矛盾。

中、美、欧改革出现如此不同的结果，我自己提出了一个分析框架，在此与各位讨论。一个国家有三种力量：政治力量、社会力量和资本力量。这三者之间的关系，大致决定了改革的命运。

在美国模式下，资本力量过大，压倒或左右了政治力量和社会力量。最主要的标志便是根据 2010 年和 2014 年美国最高法院的裁决，机构和个人的竞选捐款不再有上限。有时候我说，美国最大的敌人不是中国，而是华尔街。钱生钱的游戏玩得上瘾了，戒不掉了。这个制度如果不改革，恐怕未来会有更大的危机。

如果说美国改革不成功是资本力量过大，欧洲改革成效不彰的原因则是社会力量过大。虽然欧洲的资本力量也很大，但不如美国，欧洲是社会力量压倒了其他两股力量。在欧洲，民主有如一种宗教，许多具体问题都靠民主解决，其中的假设便是越多人参与越好。用中国人的话讲，欧洲光有民主没有集中，难以形成改革的合力。

相比之下，中国的政治力量、社会力量、资本力量达到一种新的、动态的平衡。中华人民共和国成立后的前30年中，资本力量基本不存在，社会力量太弱，政治力量过于强势造成了"文革"等悲剧。改革开放以后情况变了，资本力量发展起来了，社会力量也逐渐发展起来了——特别是现在有了互联网传播——但政治力量仍然保持了相对的中性和强势。这是符合中国传统的，中国历史上成功的政府几乎都是比较中性、强势的。

治理中国这样的大国，领导人需要有担当，否则做不了事情。中国的社会力量、资本力量发展起来之后，已经对政治力量形成了一种压力和制约。我认为，比较中性、强势的政治力量，即中国共产党，是中国改革比较成功的原因。

关于中国还可以讲得更具体一点。

历史上，中国政治力量总是处于相对比较强势的地位，也处于相对比较中立的地位。这个传统延续至今，虽然中国的社会力量和资本力量的影响也在迅速扩大，但中国的政治力量总体上保持了自己相对的独立性和中立性。资本力量的长处在于它可以创造效率和财富。过去60多年的历史表明，前30年间，中国对资本力量压制过多，导致了经济活力严重不足，民生改善进程过慢；随着改革开放，资本的力量迸发了，中国人创造了财富增长的世界奇迹。但资本力量也带来自己的副作用，如果没有某种制约力量的话，资本逐利的特点会导致社会高度两极分化乃至巨大的金融危机和经济危机。

在中国，资本力量总体上受到了政治力量和社会力量的某种制约。即使在贫富差距明显扩大的今天，中国政治力量还是保证了弱势群体生活水平的大幅提高。中国社会力量延续中国平民主义的传统，社会主流几乎也一直倾向于节制资本。

三种力量的这种动态平衡格局应该是中国得以避免美国式金融危机和经济危机的主要原因，这可能也是普通百姓中国梦的前景可能比美国梦的前景更为精彩的主要原因。随着经济发展，中国社会力量迅猛发展，改变了中国人的生活和参政方式。前30年间，中国社会力量过于单薄，导致了许多问题，包括社会生活缺乏活力、信息反馈严重失灵等，导致像"大跃进"和"文革"这样的悲剧发生时，当时的社会力量无法实现及时有效的反馈和限制。

随着中国经济的发展和互联网的兴起，随着中国中产阶层的扩大，中国社会力量已经开始影响政治生活的方方面面。对许多公共政策问题和政治问题的讨论从未像今天这样开放，这种讨论已经成了中国社会生活的一个重要组成部分，中国人的言论自由也从来没有像今天这样广泛。

但社会力量也有盲目的一面，特别是追求福利最大化和民粹主义的趋势也需要警惕。中国的政治力量已经注意到了这种情况，已开始对社会力量进行引导甚至纠偏。最近强调建立"更加公平和可持续的社会保障制度"以及对网上谣言的治理就是很好的例子，说明中国的政治力量头脑清醒。这种纠偏代表了国家和人民的长远和整体利益，值得肯定。

我的基本结论是在改革方面，中国模式总体比欧洲模式和美国模式成功。中国与美国相比，在中国，少数富人左右不了中南海，但美国的少数富人可以左右白宫。与欧洲相比，欧洲决策过程中社会力量过大，导致"从群众中来"，但没有"到群众中去"，政治力量缺少政治整合的能力。

从这种分析可以看出，我们应该继续沿着中国道路和中国模式走，也就是保持政治力量相对比较中性和强势的特点，从最广大人民的根本利益出发来推动改革和现代化事业。在技术层面，我们可以借鉴西方的许多做法，但在政治层面（即三种力量的平衡方面）中国一定要坚持自己的模式。中国模式是对西方模式的一种超越，英文也许可以用 transcendence 这个词。用通俗的话讲，就是中国既要避免美国病，又要避免希腊病。

2014 年 9 月于"中国共产党与世界对话会"

全球治理：从中国经验到中国方案

　　众所周知，世界上很多人对全球化不满乃至愤怒：美国出现了特朗普现象，英国出现了"脱欧"公投，发展中国家的各种不满更甚。迄今为止的全球化确实问题很多：首先，受益于全球化的主要是少数西方国家，而不是大多数发展中国家；其次，即使在少数西方国家内部，主要受益者不是普通百姓，而是跨国公司，多数百姓的实际收入和家庭资产过去20来年鲜有增加。但中国的情况相当不同，中国是全球化最大的受益者之一，通过参与全球化，中国迅速成为世界最大的贸易国和最大的经济体（按照购买力平价）；多数中国人也是受益者，中国已经形成了世界最大的中产阶层。

　　同样的全球化，为什么结果会如此不同呢？如果要简单地回答这个问题，那么就是中国的制度安排和发展模式使中国得以在全球化的进程中趋利避害：中国是一个主权完全独立的社会主义国家，一直保持着自己的自主性和政策空间，有独立的国防体系、科技体系、工业体系等，这使中国在对外开放中，允许外国投资者获益，同时也能使大多数百姓受益。这与很多国家在开放进程中失去自我，结果国家经济命脉被海外跨国公司控制，百姓的财富甚至被西方金融大鳄洗劫一空，形成了鲜明的对照。

中国无疑做对了一些事情，中国形成了自己的发展模式，所以才成为全球化的主要受益者。一个国家的发展模式是无法照搬的，因为它源于自己的历史文化和民情国情。比方说，我们今天的论坛叫"中国共产党与世界对话会"，中国共产党就是中国模式最鲜明的特色之一，中国共产党是世界上为数不多的"整体利益党"，也就是说它能够整合并代表中国人民的整体和长远的利益，它能够动员和组织中国人民为自己的利益工作和奋斗，这也是今天中国成功的关键所在。尽管无法照搬，但一个成功的模式一定具有某些能给人启迪的价值。以我个人之见，中国做对的事情，对于全球治理也有启迪。那么在全球化过程中，中国究竟做对了什么？对全球治理的改善又有何启迪呢？

第一，消除贫困是中国的民心所向，有利于消除贫困的全球化才是值得欢迎的全球化。中国坚持了实事求是，顶住了各种思潮的压力，紧紧抓住消除贫困、改善民生这条主线来推动改革开放，取得了举世瞩目的成功：过去 30 多年来中国使 7 亿多人脱贫，占世界脱贫总数的 70％多，这一切改变了中国，改变了世界。换言之，如果没有中国在脱贫方面的贡献，那么世界贫困人口恐将不减反增。

这对全球治理的启迪是什么呢？我想就是一个国家一定要从

自己的民情国情出发，倾听百姓的呼声，全力解决百姓最为关切的问题，制定并执行包容共享的政策，使多数民众能够从国家发展中受益，而不是信奉某种教条，特别是要警惕民主原教旨主义和市场原教旨主义的教条。

第二，交通和通信基础设施建设，推动互联互通，对于改善民生具有特殊意义。中国人说，"要致富，先修路"，路通可以带来人流、物流、思想流，带来国家和社会的活力和进步。改革开放以来，中国建成了世界上最大规模的高速公路网、高速铁路网和移动通信网，实现了村村通公路、电力全覆盖，考虑到中国的国土面积和复杂多样的地理状况，这种成就实属不易。

这对全球治理有什么启迪呢？推动基础设施建设，推动互联互通，往往是改善民生最有效的起点。这也是为什么中国发起成立了亚洲基础设施投资银行（AIIB，简称"亚投行"），它有效地弥补了现在国际治理体系中的一个很大缺陷。

第三，改善民生，搞活经济，需要对内开放和对外开放，需要大力推动内贸和外贸，推动有效投资。中国在这种理念指导下，通过自己的不断努力，已经成了世界最大的贸易国和最大的对外投资国之一，而且中国正在迈向世界上最大的统一的国内市场。

这一切对全球治理的启示是什么呢？那就是少搞些保护主义，多做些内外贸易；不要以邻为壑，要同舟共济；不要搞"零和游戏"，要推动合作共赢，否则世界经济复苏将没有希望。

第四，通过创新和结构调整来形成新的经济增长点。中国以最大的热情拥抱了创新和新技术革命，在移动互联网、数字经济、智能工业、传统产业升级、电子商务等领域内，中国几乎都已走到了世界的前列。中国的创新也包括全方位的结构改革和体制改革以推动生产力的进一步可持续发展。

这对全球治理的启迪是什么呢？少依靠货币量化宽松之类的货币政策来刺激经济，那是西方条件下"封闭僵化"的老路，从2008年金融危机以来从未真正奏效；我们应该多依靠创新驱动和结构改革来促进经济发展。

第五，上述内容综合在一起就是中国为全球治理提供的方案，即推动一种新型的全球化和全球治理，使全球化具有更多的创新、更多的活力、更多的联通、更多的共享，进而推动世界经济的复苏和增长，缩小贫富差距，乃至消除极端主义和恐怖主义的温床，最终形成一个全球的"利益、命运和责任共同体"。

不久前，在杭州召开了中国主持的G20峰会，基于上述的中国经验，中国为会议设计了创新、活力、联动、包容四个主题并从这些主题出发提出了全球经济治理的中国方案：即创新增长方式，包括通过全球经济金融治理的改革来促进增长，而不是仅仅依赖货币宽松政策；通过推动贸易和投资来盘活和振兴世界经济；让新一轮的全球化变得更加联动和包容，使普通百姓多多受益，使发展中国家多多受益，使参与全球化的各方都能多多受益，而不是过去那种一方受益、一方受难的"零和游戏"。

　　G20 代表了世界经济总量的 85％、世界贸易总额的 80％、世界人口的 60％，在杭州峰会上，20 国集团成员已就中国方案达成了基本共识，这意味着我们今天确实有可能开创一种与以往全球化不同的新型的全球化。但我们也是现实主义者，尽管各主要经济体这次达成了共识，但能否真正落实还不能确定。

　　好在今天中国的经济体量已经很大，它已经是世界最大的经济体之一，是世界上 128 个国家的最大贸易伙伴，这意味着中国带头推动新型全球化，世界就有可能变得很不一样。中国确实有可能引领这种新型的全球化，就像中国发起亚投行之初，西方主要国家对它并不看好，但今天绝大多数相关的国家已经加入或正在申请加入这个银行。

　　中国政治文化中有一个很好的概念，叫"势"，也就是要推动形成一种不可逆转的大势，一旦大势形成，它就难以逆转。今天我们推动这些源于中国理念和经验的中国方案和普遍共识，就有可能形成重塑全球化的伟大力量，当这种力量达到不可逆转之时，那种只有少数人可以获利的"排他性"全球化就有可能被改变，一个更加包容的、合作共赢的全球化和全球治理模式也就可能真正诞生了，让我们一起朝着这个方向努力吧。

2016 年 10 月于"中国共产党与世界对话会"

"一带一路" 与中国模式

"一带一路"成功的概率比较大，为什么？因为它的背后是带来中国迅速崛起的一整套做法，或者叫中国模式。而中国本身就是一个"世界"，一个人口规模大致等于100个中等欧洲国家之和的超大型的"文明型国家"，其历史就是一部不同民族、不同文化、不同思潮兼容并蓄、相得益彰的历史。中国历史上有丝绸之路、茶马古道、大运河，都是跨越时空的大规模商贸行为。

过去近40年中，中国又经历了沿海开放、沿江开放、沿边开放，统筹国内国外两个市场的伟大实践，积累了较为丰富的开放经验。某种意义上，我们好像已经为在世界范围内推动"一带一路"进行了一些预演和彩排。尽管走出国门往往意味着更大的挑战，但在中国这么一个超大型国家境内成功的经验一般也具有较为普遍的国际意义，更何况中国模式本身就是在国际竞争中逐步形成的，我相信中国模式也会通过"一带一路"的实践而走向更大的辉煌。

"一带一路"创举中体现了哪些中国模式的特点呢？

首先，以人为本，高度务实。"一带一路"沿线国家大都是发展中国家，发展中国家的首要挑战几乎都是消除贫困。如何才能最有效地消除贫困？中国的经验之一就是：要致富，先修路。就消除贫困而言，筑路（发展基础设施）比西方倡导的一人一票更有意义。改革开放以来，中国建成了世界上最大规模的高速公路网和高速铁路网，实现了村村通公路，这帮助超过7亿贫困人口脱贫。今天中国正通过"一带一路"倡议，把这个朴实而珍贵的经验与世界分享。

第二，"对内开放、对外开放"。"一带一路"倡议所提倡的"互联互通"（包括政策沟通、设施联通、贸易畅通、资金融通、民心相通等"五通"）很大程度上就是中国"对内开放、对外开放"经验在国际舞台上的推介。在"对内开放、对外开放"理念的引导下，中国内部可以说已率先实践了这"五通"，并因此而受益良多，中国内部正在形成世界最大的统一市场。

第三，协商民主。这是中国政治模式最精彩的特点之一。在推动"一带一路"的过程中，我们的指导原则是"共商、共建、共享"，这就是中国协商民主模式走出国门的试验。"一带一路"涉及的国家之多、文明传统之复杂、各种利益考量之扑朔迷离，无疑给多边合作带来种种挑战，但"协商民主"可以解决其中很多问题。中国倡导尊重主权，推进不同文明体之间的对话与合作，通过"共商、共建、共享"，使每一方都出于自己的利益而加入"一带一路"，从而实现超大规模的合作共赢。

第四，公道中性。中国中央政府在中国崛起的过程中发挥了比较公道中性的作用，现在在世界范围内，中国也在发挥这种作用。西方主导的国际秩序和国际经济组织往往存在着"非中性"的问题。在多数发展中国家的眼里，西方设计的秩序往往更有利于少数西方国家。"一带一路"的出发点完全不一样，它尊重主权平等，尊重各国自己选择的发展道路，它鼓励沿线国家因地制宜、量体裁衣，根据各自经济结构和发展水平参与"一带一路"。

第五，有所为，有所不为。中国崛起的一条重要经验就是"有所为，有所不为"。例如，我们是先搞特区，在特区里进行各种试验，成功了再推广。在"一带一路"推进的过程中，中国的做法也是先鼓励在条件比较好的支点国家取得早期收获，产生示范效应，让周边国家自己看并决定是否参加。表面上看这样做的速度好像慢了，实际上速度往往更快。

第六，认准方向，大胆地闯。中国改革开放之初，没有路线图，但是中国从一开始就有指南针。中国改革开放之初的指导思想就是尽快地搞活经济，让市场力量发挥更大的作用，使人民生活得到尽快的改善。有了这样的指南针和方向感，中国就大胆地试验，大胆地闯，直至1992年提出了"社会主义市场经济"模式。

与此同理，"一带一路"不急于制定具体的规划，它更注重认定大的方向和循序渐进。许多人怀疑"一带一路"成功的可能性，因为它没有明确的线路图，甚至连准确的边界都没有，任何现有的西方区域整合理论似乎都无法界定它。但从中国模式的视角看，这正是"一带一路"方案的长处所在，背后是中国模式这种"认准方向，大胆地闯"的智慧，中国人相信经过一段时间的实践后，某种更具体的路线图一定会应运而生。这本身也说明西方话语的诠释能力有限。

第七，创造增量、盘活存量。中国崛起过程中很注意创造增量、盘活存量。在"一带一路"的推广过程中，现有各种机制和制度安排就是存量，"一带一路"不是取而代之，而是与他们建立对接方式，通过对接创造新的增量，同时也逐步盘活了现有的存量。"一带一路"倡议与俄罗斯"欧亚经济联盟"、哈萨克斯坦的"光明之路"等国别计划的对接，亚洲基础设施投资银行与亚洲开发银行和世界银行等国际金融机构的对接，这些都是很好的范例。

第八，培育新的增长点。中国经验中非常重视培育和创造新的增长点。"一带一路"通过改善基础设施、推动通关便利、减少供应壁垒、完善行业标准、改善政府服务等，推动跨境商品自由流动，推动国际经济合作发展。这方面的成功很好地体现在中欧班列联运上。中国、俄罗斯、德国、哈萨克斯坦等七国已经签署了《关于深化中欧班列合作协议》。中欧班列已累计开行 3 000 多列，国内通过 28 个城市，联通欧洲 11 个国家的 29 个城市。中欧货运班列比海运可以节约 2/3 的时间。这为"一带一路"沿线国家的经济注入了新的活力。

　　第九，形成不可阻挡之势。中国文化中有一个概念叫作"谋势"，即推动形成不可逆转的大势。"一带一路"由中国提出，由支点国家带头，他们的早期收获产生良好的示范效应，这样雪球就越滚越大。英国等诸多西方国家不顾美国的反对而选择加入亚投行，就很能说明问题。亚投行的成员已从开始的50多个，今年将增加到85—90个，成为规模仅次于世界银行的国际金融机构。总之，一旦势头形成，"一带一路"可能成为21世纪重塑全球化的伟大力量。正是在这个意义上，我对于"一带一路"的前景持谨慎乐观的态度。

　　总之，"一带一路"成功概率较大，因为支撑其成功的是一整套在中国已经反复实践过的做法，即中国模式，而中国本身就是一个"百国之合"的大千世界。尽管"一带一路"的进程不会一帆风顺，甚至可能遭遇挫折，但"风物长宜放眼量"，世界上绝大多数人民期待和平发展，憎恨动荡冲突，期待"合作共赢"超越"零和游戏"，期待人类命运共同体替代单极霸权。"一带一路"正开始形成一种难以逆转之势，顺之者昌，逆之者衰。那种只有少数人可获利的"排他性"全球化可能因此而改变，一个更加包容的、更为人性化的全球化最终可能成为不可阻挡的历史洪流。

　　　　　　　　　　　2017年5月于首届"一带一路"国际合作高峰论坛

问：其他国家有可能复制中国模式吗？

答：很难。中华人民共和国是打仗打出来的，它经历了长达22年的武装斗争才建立了中华人民共和国，之后又与美国打了两仗，朝鲜战争和越南战争。所以中国有高度的政治独立性和强大的国防力量，还有独立的科技体系和完整的工业体系。中国是可以对美国说"不"的国家。一般国家做不到这一点，特别是发展中国家。一个典型的发展中国家的政府，可能因为CNN或推特上的一个谣言就陷入困境直至垮台；许多发展中国家的GDP可能还不如一家跨国公司的资产大，更不要说对美国说"No"，对美国大公司说"No"都有困难。在这个意义上，中国模式很难复制，其实也没有必要复制，中国吃过复制别国模式的亏。但一个模式一旦比较成功，很多国家就想向你学习，这就是现在中国面临的情况。非洲现在有个说法，叫Looking East（向东看），就是这个意思。中国模式的探讨和研究，在整个世界已成为"显学"，随着中国的进一步崛起，这个趋势还会走强。坦率地说，中国模式并非十全十美，但西方模式在非西方世界太失败了，这也是为什么越来越多的国家把目光投向了中国，投向了中国模式。

问：中国成功的前提是经济表现比较好，如果经济形势恶化，中国模式还能成立吗？

答：中国模式是在高度开放的国际竞争环境中形成的。过去30多年的经验表明，经济形势不那么好的时候，往往也正是中国模式展现自己特色的时候。例如，1997年亚洲金融危机爆发，祸及中国，但中国采取了较正确的应对措施，结果证明这场危机为中国模式提供了很好的展示舞台。中国当时推出了"积极财政政策"，大规模的基础设施建设、加入世界贸易组织、住房体制的改革等一系列组合拳，尽管也有代价，但还是使中国经济上了一个很大的台阶，甚至可以说奠定了中国今天在世界经济中举足轻重的地位。2008年金融危机以来，中国又有意识地推动经济结构调整，使危机逐步转为机遇。其实，回顾过去数十年的情况，中国模式下，所有的危机几乎都是中国更上一层楼的机遇。

问：很多人认为，"模式"这个词有种潜在的意思，就是可以让别人学习的，就是说中国模式是可以被推广的，您觉得"中国模式"可以被推广吗？

答：中国不会把自己的模式强加于人，但好的经验可以分享。实际上整个世界今天都在关注和研究中国模式，从俄罗斯到中亚五国，从朝鲜到东南亚和印度，到欧美都是这样。中国模式是中国国情下产生的，不能照搬到其他国家，但中国模式背后所体现的许多理念和经验，有相当普遍的意义，如"实事求是""循序渐进"，如改革措施都先要在小范围内先试验，成功了再推广。如果当年非洲能局部试验一下所谓的"结构调整方案"，就可以避免后来的许多灾难。前几年，我到内罗毕一个研究机构谈中国模式，他们让我谈一谈肯尼亚大选是否可以参考中国模式。我说这确实很难，但我可以提一个很坦率的建议，我说你们有七个省，能否把过去四五年里做得最好的那个省长，通过某种形式把他选为总统，这就叫政绩合法性。现在你们搞一人一票，但是以我对非洲的了解，非洲多数国家还没有真正形成民族国家。肯尼亚有两个重要的部族，一个叫吉库尤族，另一个叫卢奥族，这两个部族的大部分人一定投他们本族人的票，所以一人一票这种做法，可能会使社会更加分化，而不是更加融合。当时会议主席说：您讲得有道理，但我们这儿已经很难这样做了。我表示完全理解。后来肯尼亚大选的结果被我不幸言中，大选后不同部落就开始厮杀了起来。

问：您觉得中国模式对西方国家也有启发吗？

答：有。我可以给你举一个例子。2016年底，我到英国参加一个会议，我对英国朋友说，为什么在"脱欧"问题上你们采用如此简单乃至简陋的民主，即通过公投来决定一个关系整个英国命运的非常复杂的大事。我建议他们借鉴一下中国的协商民主模式，因为英国很多民调早已证明，支持与反对"脱欧"的民众比例相差不大，也就是 5％ 左右，这种情况下，采用协商民主肯定比公投民主效果更好，双方可以协商协商，各做一些让步，然后重新达成共识。但英国政客硬是坚持公投。我 2014 年有个演讲，叫"中国人，你要自信"，那个演讲结束时，我提到了和英国学者进行的一个讨论。他们不停地批评中国模式，我说我们可以竞争，你坚持你的模式，我坚持我的模式，我更看好中国模式。现在是 2016 年，离我那次演讲两年都不到，英国模式走衰的速度比我当初预计得还要快。我对英国朋友说，我敢预测中国未来的 10 年，你敢预言英国未来的 10 年吗？西方的民主模式要好好地反思和改革了，否则西方走衰的速度还要加快。

问：中国什么时候才能走出"威权主义"模式？

答：把中国模式概括为"威权主义"模式是很不准确的，背后还是"历史终结论"的逻辑，也就是通过所谓的"威权主义"模式最终过渡到西方民主模式。我在书中反复讲一个观点：中国崛起的背后是一个"文明型国家"的逻辑，不是"历史终结论"的逻辑，而是"历史终结论的终结"的逻辑。"文明型国家"逻辑是：今天中国正在重新展现历史上长期领先西方的一些特点，我演讲中提到的"选贤任能""混合经济"等，都融合了中国传统基因、社会主义基因和西方元素，所以它对西方模式是一种很有意义的超越。2011 年我与福山先生辩论时就讲过，西方今天的政治模式最终可能只是人类历史长河中的昙花一现。西方模式有其难以克服的基因缺陷，如理性人的假设和权力绝对化的问题，今天所有的西方国家几乎都经历了金融危机和债务危机。如果你们真感觉西方模式好，请你们一定坚持下去，我们不奉陪了。西方多数国家过去 20 多年中，多数人实际收入几乎没有增加，甚至减少了，现在最需要反省模式的恰恰是西方。

问：中国发展模式在国内外都有争议，但尽管这样你还是高度肯定中国模式？

答：中国发展模式，虽然有不少缺点和问题，但是在国际比较中胜出，也就是说，相比之下，中国模式比较成功，特别是把中国模式与那些采用西方模式的发展中国家相比：西方 20 世纪八九十年代曾在非洲推行一个所谓"结构调整方案"，大力削减公共开支，结果导致了非洲国家经济和社会危机的恶化。美国在俄罗斯推行"休克疗法"，今天被俄罗斯人称为"浩劫"。"华盛顿共识"要求发展中国家，不管条件成熟与否，都推动资本市场自由化，结果引来了 1997 年亚洲金融危机和后来的阿根廷金融危机，不少国家的经济倒退 20 年，美国今天也尝到了市场原教旨主义给自己带来的灾难。回想起来，真有点后怕，如果中国没有自己的主心骨，没有坚持中国模式，摊上了西方这些馊主意中的任何一个，后果可能不堪设想。

问：我们执政党自己都承认，我们的模式不可持续，为什么您还在讲中国模式？

答：我们讲某个模式不可持续，都是有具体指向的，如粗放的发展模式、拼能耗的发展模式、造成污染的发展模式。这和我讲的中国模式不是一个概念。我所说的"中国模式"或者"中国发展模式"指的是宏观意义上的中国经验，实际上就是中国道路。比方说，中国模式的指导思想是实践理性，中国模式的特点是混合经济，中国模式由代表人民整体利益的政治力量来主导，等等。具体看中国的发展，当然有各种各样的问题和挑战，其实迅速发展的国家都会遇到发展过程中的各种挑战，如贫富差距拉大、腐败增加、环境恶化等。我在《中国触动》一书中曾专门写了一个章节，叫作"中国：不要自己打败自己"，这句话有两层意思。第一层意思是中国模式虽然成功，但并非十全十美，甚至还衍生出不少问题，必须认真着手解决。第二层意思是中国的问题虽然不少，有些还相当严重，但是横向地、纵向地比较一下，我们做得不比别人差，所以不要惊慌失措，只要沉着应对，所有的问题都可以找到解决的办法。简言之，如果不去积极地解决中国的问题，中国可能会自己打败自己；但如果中国自己乱了方寸，以为天要塌下来了，国将不国了，也会自己打败自己。不管今天中国有多少问题，中国还是处在中国近代以来最好的时候。只要我们自己不打败自己，没有任何一种外部力量能够阻碍我们实现民族复兴的伟大目标。

问：从中国模式的视角出发，民主是否应该有新的定义？

答：如何界定民主，世界上一直很有争议。西方主流话语一般把民主界定为"程序民主"。例如，在讨论所谓"第三波民主化"时，西方学者和政治人物几乎没有例外地把民主界定为多党选举制，只是 20 多年过去了，人们发现这些"民主国家"的民主品质普遍低劣，选来选去，选出来的大都是投机政客，选不出优秀的政治家，这些国家有了名义上的"宪政"和"三权分立"，但无法遏制腐败，民生得到改善的不多，陷入混乱动荡的国家很多，今天西方国家对这波"民主化"也大失所望。

把民主简化为"程序民主"其实是对民主的异化，在非西方国家的实践中成功率极低，因为他们没有西方"程序民主"所需要的政治文化和传统土壤。从中国模式的视角出发，民主应该是"实质民主"和"程序民主"的结合，但首先是"实质民主"，即体现民主的内容及其所要服务的价值。民主的内容就是要体现人民的意愿，民主的价值就在于实现国家的良好治理和人民高品质的生活，而民主的程序和形式应该由各国根据自己的民情和国情来探索，这个探索的进程远远没有结束。美国在世界各地推动"民主"，但美国自己的民主制度离理想的民主制度就相差很远。比方说，民主怎么要花这么多钱？花这么多钱还能是民主吗？花这么多钱不就成了"钱主"吗？不就是资本驱动的民主吗？这不就是美国金融危机的深层次原因吗？资本开路，其他统统让路，这样的民主品质怎么能有信誉？这个模式搬到其他国家和地区就会很快演变成黑金政治，在韩国和中国台湾，我们都看到了这种情况。

把民主界定为"程序民主"导致了很多颇为荒谬的情况，比方说美国人投票选出了小布什当总统，那么他八年治国无方是不是也代表了美国人民的意志？这使我想起了法国思想家卢梭200多年前对这一类民主所作的评论，他说："英国人民自认为是自由的；他们是大错特错了。他们只有在选举国会议员的期间，才是自由的；议员一旦选出之后，他们就是奴隶了。"所以讨论民主一定要回归"实质民主"，回到民主的内容及其所要服务的价值，每一个国家都应该从"实质民主"出发，根据自己的民情和国情来探索适合自己的最佳的民主形式。

问：西方总是拿中国所谓的"一党制"说事，你怎么回应他们的质疑？

答：从"文明型国家"角度来讲，过去2 000多年大都是统一的儒家执政集团主导。如果一定要套用西方一党制多党制的话语，那么也可以说过去2 000年里我们95％的情况下是一党制，这95％的时间里，中国在多数时间都比欧洲国家更为和平、繁荣和发达。西方政党是公开的"部分利益党"，中国共产党是"整体利益党"，而我们"整体利益党"内部的弹性空间比西方政党要大，从"文革"到改革开放，整个的政策调整都是在一党制框架内完成的。从"文革"到改革开放的理念差距，超过美国共和党和民主党在许多理念上的差距，但我们可以形成共识，进行美国等西方国家难以想象的大幅度的调整，并在形成普遍共识的基础上，推动国家的崛起和为人民谋福祉。

问：一党执政下，怎么保证监督制衡？怎么防止腐败？

答：西方所谓多党制意味着有效监督的说辞，看来很难有说服力。我常以"亚洲四小龙"为例，韩国、中国台湾基本是现代化初步完成之后转向美国政治模式的，中国香港、新加坡没有这样转型。结果在腐败问题上，谁处理得更好？还是中国香港、新加坡处理得更好，好很多。中国体制下的监督和反腐，这几年效果特别显著，说明中国开始找到了一条正确的道路。此外，一个好的制度不能只讲制衡，这是保底的，是"下策"；一个好的制度还要能够找到好人，让好人做好事，这是"上策"。所以一个好的制度应该是"上下策结合"，正是在这个方面，中国的制度安排，从理念到实践，从视野到制度，都超越了西方模式。

第三部分

中国话语

建构中国话语

　　这几天正逢党的十八大召开，国外媒体纷至沓来进行采访。这也使我深信今天的中国什么问题都不能回避了。我们对所有问题都需做出清晰的回答。换言之，我们需要用自己的话语把中国说清楚，把世界说清楚。1949 年中国革命的胜利，我们解决了"挨打"；改革开放的胜利，我们解决了"挨饿"问题；今天中国不断崛起的时候，我们需要解决"挨骂"的问题。"骂声"一方面从西方来，一方面则来自国内。知识界、媒体界一些人不自信，一切唯西方马首是瞻，天天骂自己的国家。在这个意义上，建立中国话语体系，国内的需求比国际的需求更大。我们知识界要从僵化的西方语言体系中解放出来。我们要解构西方话语，并在这个进程中建构起中国话语。

　　一个国家的崛起一定要伴随自己话语的崛起，否则可能会功亏一篑，前功尽弃。为什么？因为没有自己的话语，你做对的，会被解释成是错的，或者是过渡性质的，最终都要转型到那个所谓无比美好的西方模式，或者叫拆了故宫建白宫。中国崛起到了今天的地步，不少人还是不自信，只要我们的做法与西方不一样，他们就认为是我们错。在西方经济和政治制度全面走下坡的今天，仍然有人心甘情愿被西方话语忽悠，着实令人诧异。

过去这些年来，中国思想界比较混乱，缺少主心骨，西方话语对国人忽悠得厉害。这种忽悠主要表现为两方面，一个是政治浪漫主义（或者叫民主原教旨主义），另一个是经济浪漫主义（或者叫市场原教旨主义）。西方势力全力向中国和全世界推销这两个东西，忽悠了很多国家，但效果却一个比一个差，"颜色革命"已基本褪色完毕，"阿拉伯之春"已演变成"阿拉伯之冬"。大概是忽悠别人的事做得太多了，西方自己也真信这些东西了，结果很多西方国家连自己也一并被忽悠了。看一看今天的西方，冰岛、希腊等国先后破产，西班牙、葡萄牙、意大利等国的经济也处在破产边缘，美国经济也没有搞好，多数人的生活水平在过去 20 来年没有改善，甚至下降了，国家更是债台高筑。

我们要汲取苏联解体的深刻教训。在苏联解体之前，我去过苏联，后来又去过俄罗斯，教训非常深刻。先是知识精英被西方忽悠，然后是政治精英被西方忽悠，结果就是一个超级大国的轰然崩溃。我们一定要防止这种情况在中国出现。老二不好当，过去苏联是老二，被美国扳倒了，日本是老二，也被美国扳倒了，现在中国是老二，美国也想把中国扳倒，所以今后这 10 年非常关键，我们决不能给美国扳倒。在社会主义国家的领导人中，被西方话语彻底忽悠的最著名人物当属前苏共领导人戈尔巴乔夫，结果导致了苏联国家解体、经济崩溃，俄罗斯人称之为第三次浩劫（第一次浩劫指的是 13 世纪蒙古人入侵，第二次浩劫指的是第二次世界大战时德国法西斯的入侵）。戈尔巴乔夫曾参加 1996 年俄罗斯的总统竞选，但他的得票率未超过 1％，绝大多数俄罗斯人把他否定了。

我们要构建全面的、透彻的、强势的话语体系。所谓"全面的"就是指我们的话语要能够解释中国的成绩、问题和未来。所谓"透彻的"就是要把大家关心的各种问题讲清楚、讲明白，使我们的普通百姓也能听懂。所谓"强势的"就是要强势回应西方话语的挑战，西方指责中国的话语属于强势话语，国内亲西方势力谩骂自己的国家和制度也采用西方的强势但又浅薄的话语，我们有必要强势地予以回击。

我们党已经形成了自己的许多话语，从"三个代表"重要思想到科学发展观等都是中国话语体系的重要组成部分，这些话语体系，对于凝聚全党共识起着至关重要作用，对中国确立道路自信、理论自信和制度自信具有重大意义。但是光有这些话语还不够，我们还需要进行话语内容和形式的创新，我叫构建"四足鼎立"的大话语体系，它包括官方的、民间的、学术的、国际化的话语。民间的话语比较接地气、比较大众化，学术的话语比较中性，国际化的话语能够让外国人听懂，我们要解决话语脱离中外群众的问题。

我们最好要有一个话语建设的十年规划。中国发展到今天，我们要坦然面对各种各样的质疑，中国所有的问题都可以说清楚。我希望在中国成为世界最大经济体的时候，也就是 10 年左右的时间内，我们要建立起一个完整的中国话语体系，把中国的一切都说清楚，我们也要力争在 10 年的时间内从话语角度推动基本解决国内的制度认同问题。

如何解构西方话语和建构中国话语呢？我建议双管齐下，首先是要对西方话语进行非常全面的梳理和分析，看哪些是合适的，哪些有问题。从亚里士多德到洛克，从哈贝马斯到福山，都要加以梳理，然后得出自己的结论。西方从宗教改革、启蒙运动后，形成了一整套话语体系。我们要实事求是地对其进行评估和分析，这需要大量的学者参与。其次，研究西方的话语，一定要"进得去、出得来"。西方话语有它的长处，也有短处。我记得一个德国学者讲过这样一个笑话：德国总理默克尔问德国的一位经济学家，为什么德国没有世界一流的经济学家？这位经济学家是这样回答的：您千万不要担心这个问题，如果有一流的经济学家，这个国家就没有一流的经济了。换言之，西方主流经济学出了大问题。其实在西方形成的所有社会科学中，经济学还是公认的最接近自然科学的社会科学，其他在西方形成的社会科学如政治学、新闻学、法学等，离科学和真理更远。西方学者对中国的政治预测，为什么大部分是错的？除了意识形态的偏见外，我想就是西方社会科学本身存在的大量缺陷。毛主席当年写《湖南农民运动考察报告》，他没有学过西方的政治学和社会学，他去湖南走访了 30 多天进行调研。他用中国传统的方法，进行走访实地考察，入户调查，"解剖一个个麻雀"，真正地了解中国农民和农民问题，否则就不会有他所领导的中国土地革命的胜利，就不会有1949 年中华人民共和国的建立。陈云生前也经常去上海的青浦农村，这是他的老家，进行调研，一下子就把当时的很多难题搞清楚了。这种中国特色的研究方法有其长处，往往比西方所谓的现代社会科学方法更容易发现事实和真理。这对我们解构西方话语、建构中国话语很有启发，千万不要迷信西方形成的许多所谓的社会科学方法，对于这些东西，我们要"进得去，出得来"。

我们应该把对内的话语建设与对外的话语建设看作一盘棋，某种意义上，对内的话语建设可能更重要。因为即使你从事的是对外话语传播，如果没有发自内心的道路自信和话语自信，讲话就没有气场，也回答不了人家提出的质疑，人家一看就知道你不自信，这就像没有军魂的军队，是打不了胜仗的。中国的对外话语传播，要由道路自信的人来做才能做好，因为我们的受众、我们交流的对象，是比较自信的，有的是出于宗教信仰，有的是出于意识形态信仰，有的是被西方媒体洗脑了，所以很多人是盲目自信，莫名其妙的自信，你一点就破。

换言之，在与西方打交道的过程中，既要交流，也要交锋，这个坎绕不过去。我们不想惹麻烦，我们想韬光养晦，但树欲静而风不止。普通的中国留学生到美国和欧洲，那里普通的老百姓都会问，中国怎么有这么多人权问题？中国为什么不采用多党制和一人一票？中国什么时候能变成民主国家呢？西方关于中国的负面报道，使大部分人不了解今天的中国。对于这样的问题，我们要用自己的话语给予清晰的回答。中国崛起到今天，什么问题也不能回避了。过不了这个坎，我们就无法真正崛起。我认为只有经过必要的交锋，最终才可能交流得更好。西方的特点是承认实力，包括硬实力和软实力，硬实力强大后，他真的尊重你，软实力强大之后他也会承认你。我今天就说这些，谢谢大家！

2012 年 11 月于"中国发展与中国学研讨会"

反思西方民主

非常高兴有机会再次来到牛津大学，来到西方思想界的这个重镇来谈谈一个中国学者对民主的思考。西方人喜欢谈民主，总觉得民主是西方的专利，最常用的范式是"民主还是专制"，而其中民主和专制的定义又是西方自己界定的。我对这种过分简单的分析范式一直感到不安，但令人遗憾的是，这种范式至今仍然主导着西方的主流政治话语。在相当长时间内，西方世界在经济和物质意义上的成功，被西方意识形态专家描绘成了民主制度战胜专制制度的象征。"民主还是专制"也就成了西方的主流话语范式，它给西方国家某种道德优越感。

当然，随着中国的迅速崛起，这种范式，以及和其相关的优越感受到了中国崛起的挑战。多数中国人生活改善的速度人类历史上闻所未闻，中国城市化发展的速度和规模人类历史上也前所未闻，当然这个过程中也产生了不少问题，但总体上看，中国的成绩远大于存在的问题，而且存在的问题都可以说清楚，最终都可以解释清楚。我一直认为"民主还是专制"这个范式早已无法解释我们这个复杂而精彩的世界，我们需要改变范式了，西方出于自己的利益也应该认真考虑改变这个范式了。

长期以来，西方把经济和物质意义上的成功描绘成了西方政治和经济制度的优越性，引来了许多非西方国家的竞相效仿。但回头一看，这些效仿者交出的成绩单并不亮丽，他们几乎都是邯郸学步，结果是希望转成失望，如乌克兰、埃及、泰国，甚至是希望转成绝望，如海地、阿富汗、伊拉克。

中国的情况则完全不一样。中国没有照搬西方模式，而是走自己的道路，借鉴了西方不少成功的经验，也继承了自己很多有益的传统，形成了自己的一整套思路和做法，也就是我说的"中国模式"。总体上看，中国模式是成功的，而且前景看好。在经济层面，质疑中国巨大成就的人已经不多。但在政治层面，争议还比较大，特别是在西方，主要是因为西方主流话语坚持"民主还是专制"范式，中国的政治制度不属于西方界定的民主制度。我今天要和大家探讨的就是这样一个观点，一个国家巨大的经济成功背后一定有政治制度的原因。我个人认为中国对民主政治的探索为中国今天的成功作出了重要贡献。

民主是当今最有争议的话题之一，首先是如何界定民主，整个世界都没有真正的共识；如果我们用西方的多党制和普选来界定民主，中国主流不会接受；如果我们用中国人说的"人民当家做主"，西方主流也难以接受。那么我们如何来讨论民主问题呢？我想我们也许可以暂时借用一下美国亚伯拉罕·林肯总统 200 多年前在葛底斯堡演说中的那句名言："民有、民治、民享（government of the people，by the people，for the people）。"当然，众所周知，林肯当年提出"民有、民治、民享"观点时，他所说的"民"不包括黑人、印第安人、妇女，也不包括华人，因为美国在 1882 年还曾通过《排华法案》，美国真正给黑人投票权是 1965 年，但这不妨碍我们借用一下林肯的这个论述来讨论民主问题。

如果民主可以用"民有、民治、民享"来界定的话，我可以肯定地说，在过去 30 来年里，中国在民主方面取得的成就比西方模式，尤其是美国大得多。

首先让我们来看一下"民享"（for the people），也就是"为人民"。中国模式即便再不完美，也创造了一个巨大的经济奇迹。过去 30 多年，中国有 7 亿多人口脱贫，大多数中国人的生活水平获得了前所未有的提升；而在同一时间段内，美国多数人的实际收入减少，财富缩水，中产阶级规模明显处于萎缩中，一场金融危机给美国老百姓带来的损失超过了"文化大革命"给中国老百姓带来的损失。诺贝尔经济学奖获得者斯蒂格利茨指出："综观西方世界，尽管有复苏的迹象，但大部分北大西洋国家实际（通胀调整后）的人均 GDP 还低于 2007 年。"他认为，"美国今天的中位数实际收入比 1989 年（即 25 年前）的水平还要低；全职男性员工的中位数收入还不如 40 多年前的水平"。

我实地考察了所有西方国家，认为人均 GDP，由于种种原因，往往无法真实反映一个国家百姓的生活水平。我比较看重另外两个似乎更能反映百姓真实生活水平的综合性指标，一个是人均预期寿命，一个是家庭净资产，前者一般可以反映一个社会的综合发展水平，后者一般可以反映老百姓的真实家底。从人均预期寿命看，中国已经达到了 75 岁，远远高于多数发展中国家的水平，接近发达国家的水平；而中国的发达版块（人口至少 3 亿，和美国的人口相当）已经达到发达国家的水平，也就是 80 多岁，高于纽约的 79 岁。

从家庭净资产来看，中国家庭净资产增长迅速，美国家庭净资产则下降了不少。30 年前中美双方进行家庭净资产的比较是不可思议的，因为双方的差距太大，今天这种比较则呈现出完全不同的景象。过去 10 年中，2007 年美国的家庭净资产为 12.6 万美元，达到了峰值，那也不到 80 万人民币，之后还一路下滑。即使是这个水平，如果拿到中国的发达版块，只能属于低水平，甚至属于弱势群体了。中国城镇家庭人口有 7 亿，是美国人口的两倍，他们中位家庭净资产的水平与美国已经不相上下。

中华人民共和国成立前，上百年的战乱导致中国的彻底贫困。我最近重读了美国作家白修德 1946 年发表的名著《中国的惊雷》（*Thunder Out of China*），他所描绘的旧中国给人感觉就像是今天的刚果民主共和国，战争造成了上千万人的伤亡，整个国家哀鸿遍野，经济彻底崩溃，人均寿命才 40 来岁。短短 60 多年，中国的面目焕然一新，中国正在成为世界最大的经济体，多数百姓的财富大幅增加。30年前，怎么可能想象比较中美两国百姓的家庭净资产，今天，中国一点也不害怕这种比较，这也从一个视角说明了：在过去30多年中，中国在"民享"方面做得比美国要好很多。难怪不久前《经济学人》杂志在《民主出了什么问题》的长文中引用了皮尤研究中心的最新民调：2013年85％的中国人对自己国家发展的方向感到满意，而在美国这个比例是31％，在英国是25％。

下面我们来讨论一下"民有"(of the people)，也就是"来自人民"方面。中国社会具有深厚的教育传统和平民传统，中国政府的"民有"程度显然高于绝大多数西方国家的政府，特别是高于美国这样资本力量影响过大的国家和英国这样贵族传统很强的国家。中共中央政治局也好，整个中央委员会也好，整个国家机关系统也好，超过95％的成员都来自普通家庭；即使所谓的"红二代"领导人，也至少在各级岗位上经历了30多年的艰苦磨炼，积累了大量治国经验，才可能进入中国最高决策层。反观西方，特别是美国，美国议员中富人占绝对多数，而且种种世袭状况已经普遍，更不要说日本这种所谓的民主国家，基本上是世袭政治。用中国人的话来说，就是今天的西方国家几乎都是"拼爹"社会，中国也有不少"拼爹"的现象，但社会流动性总体上远远高于西方，特别是美国和英国这样的国家。经济学家斯蒂格利茨今天甚至称美国政府是"1％有、1％治、1％享"的政府，恐怕不是没有道理的。

中国与美国最大的分歧恐怕在于如何理解"民治"（by the people），或"人民治理"。坦率地说，这是一个全世界都在探索的问题。尽管西方主流观点认为，如何实现人民治理，西方已经找到了答案，也就是每四五年选举一次国家最高领导人和议员，民治变成了代议制民主，但越来越多的事实说明，这种程序民主很难服人。采用西方民主模式的国家普遍出现了"选完就后悔"（elect and regret）的问题，当选后一年内国家领导人的支持率低于 50％的状况已不在少数。以美国国会为例，根据盖洛普民调，过去 10 年的支持率普遍低于 20％，2014 年只有 9％。

说白了，你无非就是制定了法律，这个法律规定，只要你选上了，之后不管支持率多么低，在法律上，你还是可以代表你的国民。把这种状况说成了"民治"和"民主"，实在难以令人信服。这不正好印证了卢梭当年对英国民主的批评：英国人只有在四年一次选举的时候是民主的，之后，他们就是奴隶了。美国人选出了小布什，他在任期发动了两场战争，金融危机爆发，结果给美国造成了那么多问题，最后支持率只有 20％左右，但还是照样代表"民治"，这不是对"民治"的讽刺？

此外，西方国家大选的投票率普遍走低，往往低于 55％，而当选的支持率往往不超过 53％，这样一来，一个总统究竟得到了国家内多少选民的支持呢？100 个有投票资格的人中有 55 人投票，你只拿到其中 53％左右的选票，那么也就是说，你得到的票数只有 100 个人中的 29 票左右，这是百分之百的少数人的民主。

民主的本意是多数人统治，民治的前提也是多数人统治，但现在西方民主制度在实践中做不到这一点，只能说是在程序上实现了某种"民治"的表象，并把这种状况硬说成就是民主。高度务实的中国人，恐怕不会接受这种有名无实的民主，关键是这种有名无实的民主，给西方自己造成的伤害已经越来越大，如果西方不愿意进行改革，恐怕只会继续与人民的愿望脱节，导致更快的衰落。

那么，过去30多年中国人是如何探索自己的民治和民主呢？我想在这里引入"形式民主"和"实质民主"这两个概念。如果说西方主流观点把民主界定为"程序民主"，认为"普选制＋多党制"几乎就等于民主的话，那么中国则把重心转到了"实质民主"的探索，认为从"实质民主"出发，也就是从民主所要实现的目标和结果出发，来探索"程序民主"，而不是相反。

邓小平在改革开放之初就提出：中国要"在政治上创造比资本主义国家的民主更高更切实的民主"。所谓"更高"，指的就是更高水准的民主，特别是要尽可能地代表大多数人的利益，反映大多数人的意志和关切，同时又能避免西方民主制度明显的弊病，如资本力量影响过大、民粹主义、短视政治等。所谓"更切实"，就是能给绝大多数人民带来实实在在的利益，而不是成为一种空谈俱乐部。中国是这样说的，也是这样做的。

从民主的"目标"和"结果"出发，邓小平进一步提出，评价一个国家的政治体制质量，关键看三条：第一是看国家的政局是否稳定。第二是看能否增进人民的团结和改善人民的生活；请注意，邓小平把"增进人民的团结"和"改善人民生活"放在一起，现在看来，这是很有见地的，乌克兰的危机、埃及的危机都说明了这一点，西方模式带来的问题往往就是人民的分裂，而分裂往往给大多数人的生活带来灾难。第三是看生产力能否得到持续发展。

我经常用这三条中国标准来评判世界上许多国家和社会的民主质量，并给它们打打分。对于伊拉克、阿富汗这样的所谓民主国家，最多的得分是 D；对于乌克兰这样的国家，得分是 C－到 D。对于中国台湾，我给的分数也是 C－，没有落到 D，很大程度上是靠中国模式的帮助，因为中国模式带来了中国大陆经济的飞速发展，给台湾地区创造了大量的机遇。如果中国香港也像极端民主派要求的那样搞民粹主义民主，结果估计不会比台湾地区好，最终还会把整个香港地区经济拖垮。

总体上看，中国民主建设也是围绕着邓小平所说的三条展开的，中国比较注意融合中国历史传统的基因、社会主义的基因和西方模式中的有益元素，大胆地进行民主制度创新，这种探索的内容非常之广，我这里仅举两个例子和大家来探讨。一是"选拔＋选举"的选贤任能制度，中国人国家治理的观念源远流长，"为政之要，惟在得人""治国必须靠人才"等观念是中国社会上千年的普遍共识，也是中国政治文化中一种深层次的心理结构。像西方那样，能说会道就可以竞选当总统，与中国政治文化的深层结构格格不入。中国现在"选贤任能"的制度安排，虽然还在完善之中，但已经融合了中国古代的政治传统（如历史上的察举和科举制度）、中国共产党的干部制度传统及西方政治制度中的一些做法，最终形成了"选拔"与某种形式的"选举"相结合的制度。现在看来，这对西方光是依赖选举的制度是一种超越。

中国的民主决策机制也值得西方重视，在这方面，中国已经形成了一种"新型民主集中制"。旧民主集中制是苏联模式的产物，最后变成了只有集中，没有民主；中国汲取了旧民主集中制度的教训，逐步形成了新型的民主集中制。中国今天已经形成了"谋定而后动"的共识，这体现在许多方面，特别是国家五年计划的制定，现在已经定期化、制度化，上上下下、成百上千次的协商，包括"从群众中来，到群众中去""请进来，走出去"等一系列具体的程序和方法，大概需要一年半，甚至更长的时间，最后才形成共识。从国际比较的角度来看，中国政治制度的战略规划和执行能力大概都是世界上最强的。一个接一个五年计划的顺利制定和成功执行奠定了中国迅速崛起的稳固基础。西方人经常感叹，西方的公司都有短、中、长期的规划，但西方国家没有国家发展的战略规划。很大程度上，这是因为多党竞选制度决定了一个政党所制定的规划，换了一个政党来执政，就难以延续了。

今天演讲前，主持人问我能不能谈谈 25 年前北京发生的政治风波，我可以简单谈谈我的看法：西方很多人一定要把这场风波描绘成民主与专制的对抗，并在这两天的电视里不断强化这种印象。真实情况远比这种描述要复杂得多，以我个人之见，25 年前的情况是这样的，当时有两种强大的政治力量，一种是学生为代表的，他们认为中国的政治改革应该压倒一切，他们的精神领袖是苏联领导人戈尔巴乔夫，当时又正好赶上了戈尔巴乔夫访问中国，他们打出的标语是："苏联的今天、中国的明天。"另外一种政治力量的代表是邓小平，他认为苏联的做法是愚蠢的，国家的治理一定要以改善民生为重，其他改革，包括政治改革，一定要服务于这个目标。他还认为，治理这么一个超大型的国家，中国人口大致是两个欧洲的规模，政治稳定是取得一切进步的前提。由于种种原因，这两种政治力量当时无法相互妥协，所以一场悲剧性的冲突就发生了。重要的是，25 年已经过去，我想今天绝大多数中国人都认同邓小平的观点，政治稳定对于中国这样的大国比什么都重要。

我自己做过一个粗粗的统计，从 1840 年鸦片战争以来，到 1978 年改革开放这近 140 年间，中国最长的太平年景没有超过八至九年，而过去 30 多年，是中国近代史上，中国人经历的最长的一次和平与稳定时期。即使出现了 1989 年的风波，它也只影响了中国的首都和部分城市，多数地区没有受到影响。正因为这种持续的稳定才使中国今天的迅速崛起成为可能。

最后，我想在这里和大家分享几个初步的结论。

第一，如果说西方民主基本上是程序民主产生正义，那么中国的民主探索的核心就是实质民主更能产生正义，一个国家应该不停地从实质民主出发，从民主所要实现的目标和结果出发，探索符合自己民情国情的形式民主。

第二，西方国家应该不时地反思一下自己陷入一场接一场危机的政治制度原因，特别有必要反思一下如何避免以法治的名义固守形式和程序，而忘了程序原本存在的意义是为了实现实质正义。显然，西方国家在这个方面还有很大的进步空间。中国的经验值得西方关注，中国各级政府定期会回顾过去一段时间的政策和做法，并根据新时代和新环境，因地制宜地进行必要的调整。

第三，"良政还是劣政"的范式应该取代"民主还是专制"的范式，因为后者完全不能反映当今世界的现实。西方和非西方政治体制都可能产生良政，也都可以产生劣政。

第四，应十分重视"选贤任能"的重要性。随着中国模式的崛起，西方"只要政治体制好，傻子也能治国"的观点不攻自破。国家治理要得到保障，就必须有经过锻炼和考验的优秀领导人，就像公司需要有能力的CEO。

第五，不管是西方模式还是中国模式，在通向"民治"的理想道路上，全世界都还在探索。西方的探索看来还面临着许多挑战，特别是金钱政治、民粹政治、短视政治带来的诸多问题。中国的民主的探索一直在进行，并已经取得了许多积极的成果，包括上述的情况。换言之，不是"历史的终结"，而是"历史终

结论的终结"。这种终结对中国有好处，对西方也有好处，对全
世界都有好处，让我们一起拥抱这个探索更好制度安排的新
世界！

2014 年 6 月于牛津大学

中国崛起背后的十个理念

大家好！今天想和大家一起探讨中国崛起背后的理念。记得一次我在伦敦参加一个学术会议，顺便参观了丘吉尔纪念馆，讲解员对我说，丘吉尔对战后国际关系作出了重要的贡献，因为他和美国的罗斯福总统共同起草了《大西洋宪章》，只有一页纸，却影响了战后整个国际关系的演变。我同意她的看法，但我也告诉她，有一个中国理念，才四个字，结果改变了一个 13 亿人口大国的命运，并最终可能影响整个世界的格局，这四个字就是："实事求是。"英文翻译也正好是四个单词 seek truth from facts（从事实中寻找真理）。

中国迅速崛起非常引人注目，但中国崛起背后的理念似乎没有引起人们足够的重视。不少人甚至认为中国虽然在经济上取得了巨大的成就，但中国并没有产生大的理念，更有人认为中国还处在过渡阶段，最终还是要全盘接受西方理念，融入西方文明。而我认为，中国的崛起是一个"文明型国家"的崛起，这个崛起过程就是一个不断产生理念并影响世界的过程。

　　我想与大家一起梳理一下中国崛起背后的中国理念，我个人认为至少有十个理念，这里可以列一下：实事求是、民本主义、整体思维、政府是善、民心向背、选贤任能、兼收并蓄、推陈出新、和而不同、良政善治。虽然中国理念还有很多，但如果能够把这些理念阐述清楚，我们就可以大致勾勒出一个文明型国家崛起的关键理念并判断出它们对世界未来可能产生的影响。

　　首先是实事求是。这个理念最早见于《汉书·河间献王传》，指一种做学问的诚实态度，后来的明清时代又形成了"实学"，强调通过对事物本身的探索来发现规律，英文把这个概念翻译成"从事实中寻找真理"。毛泽东后来把它定为中国革命成功的思想精髓，他给中央党校的题词就是这四个字。1978 年，邓小平把这个理念再次提出，并把"解放思想、实事求是"确立为中国改革开放的指导思想，强调实践是检验真理的唯一标准。

　　中国人从对事实的检验中发现：在发展中国家实现现代化方面，苏联集权模式没有成功，西方民主模式也没有成功，因而决定开始大胆地探索自己的路，改革束缚中国发展的各种制度和做法，借鉴人类文明创造的一切成果，并逐步摸索出了一条适合中国民情国情的成功之路。这条道路并非完美无缺，但在消除贫困和实现现代化方面，确实取得了比其他国家更大的成就。

　　"实事求是"提醒我们，提醒整个世界，务必保持清醒的头脑，不要人云亦云，不要相信教条，而是要理性地、客观地、准确地看待并探索一切问题。比方说，西方这么多年在世界各地推动了所谓"民主化"，表面上看"民主化"怎么会有问题？但仔细看一看事实，人们就不得不质疑：为什么南斯拉夫一推行西方的"民主化"就崩溃了？为什么苏联这样做就解体了？为什么戈尔巴乔夫在西方那么受宠，却被本国大多数民众所鄙视？为什么中国台湾现代化起飞了之后转学西方模式，结果经济滑坡了，贪腐更严重了，社会也分裂了？为什么韩国"民主化"之后的情况也和中国台湾类似，还不幸地成为 1997 年和 2008 年两次金融危机的重灾区？为什么"阿拉伯之春"这么快就变成"阿拉伯之冬"？

第二是民本主义。这就是古人说的"民惟邦本，本固邦宁"，也就是说人民是国家的基石，只有巩固国家的基石，国家才能安宁，而民生问题解决的好坏，将决定一个国家的前途命运。中国人还说，悠悠万事，民生为大。中国过去 30 多年改革开放的一条重要经验就是：一个发展中国家一定要全力消除贫困，努力改善民生，这是一个政府重中之重的工作。正因如此，中国在消除贫困、改善民生方面，创造了人类历史上的奇迹。在更广的意义上，政府所做的一切，包括政治改革、社会改革、经济改革，最终都要落到扎扎实实地改善民生才行，这就是中国民本主义理念的精彩之处。

从国际比较来看，西方所谓的民主模式导致了政治机器空转，给许多发展中国家带来的不是繁荣和幸福，而是贫穷和战乱。今天西方自己也陷入了政治机器空转、政客空谈误国的境地，造成人民对政治制度和政客的普遍失望。坦率地说，我个人认为，西方的民主模式将越来越竞争不过中国的民本模式。

第三是整体思维。中国人的整体思维和辩证思维能力比较强，所以中国人做事情比较有战略眼光，能分轻重缓急。中国人反对头痛医头、脚痛医脚，主张统筹思考、辩证认知、标本兼治。整体思维的出发点是整体包含了部分，但整体大于简单的部分之合。出于这种整体思维观，中国早在20世纪80年代初，就制定了70年分三步走的现代化战略，并一步一步地实现着这个战略。中国模式今天的战略规划和落实能力是世界上最强的，我们可以引以为自豪。

中国人的整体观也涉及如何才能更好地实现人民的安全、幸福、自由、尊严这些价值。这些价值在西方几乎完全属于个人价值范畴，但是在中国文化中，这些价值往往与国家安康的信念紧密相连。中国历史上经历了太多的战乱，人民把确保"天下太平"和"国泰民安"看作是任何一个称职的政府都不可推卸的天职。

中国过去数十年的相对成功表明，一种历史形成的传统，不管是东方的还是西方的，总是有利有弊，关键是要学会趋利避害。中国这种把国家与个人看作一个整体的理念只要运用得当，可以比西方模式更有效地促进个人价值的实现。西方人做什么事都喜欢从个体入手，因为它有个人主义的传统。如果我们也用这种方法，可能只能永远在西方后面爬行。我们发挥了自己的长处，从整体入手来促进个人利益更好地实现。我们创造的奥运模式不仅使我们取得了辉煌的奥运战绩，而且也推动了无数中国个人热心地参与到体育、健身和公益事业中。我们举办残奥会的模式也推动了无数中国残疾人个人权利的改善。我们主办世博会的模式也是如此。我们通过以整体为出发点的努力，既带动了城市建设理念的跨越式进步，又使无数个人更好地了解了什么是低碳环保的城市生活。

西方哲学强调个体，中国哲学强调整体，两者本来完全可以互补，就像看到树木也要看到森林，看到森林也要看到树木，这样可以深化我们对世界事物的认识。中国已从西方强调个人的理念中获益匪浅，西方其实也可以从中国强调整体的理念中学到很多东西，因为西方民主制度面临的一个巨大挑战就是政客短视的问题。西方政客往往只关心部分选民的短期利益，而忽视民众和世界的整体利益；往往只关心自己的选票和任期之内的事，而忽视更加长远的问题。如果这种短视继续有增无减，那么处理包括金融危机在内的全球性问题就会非常困难。在当今世界上，全球治理的问题越来越多，我们需要更多一些的整体思维，才能解决好这些问题。中国人做事讲究通盘考虑，讲究一个度，讲究动态平衡，讲究解决问题的最佳火候和时机。这些智慧对于解决西方面临的许多棘手问题，对于解决全球治理面临的许多难题都有积极的意义。

第四是政府是善，更确切地说，政府是必要的善。西方历史上由于强政府带来过诸如宗教迫害、极权主义等问题，所以很多西方人都把政府看作一种"必要的恶"（necessary evil）；中国情况则不同，中国历史上最繁荣的时代往往都和强势开明的政府联系在一起，中国传统中人们往往把政府看作不可缺少的"善"。历史上，由于幅员辽阔，自然灾害频发，需要一个比较强势的政府来协调和治理；人口众多、幅员辽阔还意味着各种地方利益和部门利益比一般国家复杂百倍，这也需要一个比较中性有为的中央政府来协调。

中国从秦朝开始就实行了郡县制，各级官员由政府任命，而非世袭。通过考试制度产生官员的科举制度也有上千年的历史，这比欧洲早了一千五六百年，无疑是当时世界上最先进的政治制度。中国有为政府有其内在动力，有数千年历史的传承，也有数千年的实际操作经验，是中国政治文化传统的一部分。一个传统一旦形成，就有其相对稳定性。有为政府的优缺点都很明显：优点是可以集中力量办大事，弱点是容易导致专断。

在一个游戏规则完全由发达国家制定的世界上，不通过比较中性、强势、有为的政府来推动经济，参与国际竞争，一个发展中国家根本就发展不起来，恐怕最多也只能跟在发达国家后面爬行。一些学者书生气十足，整天在那里谈论要实现西方教科书中那种没有政府干预的完全竞争的市场经济。他们似乎不了解今天这个世界上存在着无数个虎视眈眈的西方投机大鳄，从石油到粮食，到一切可以想象得到的领域，他们都在那里兴风作浪，究竟在多少领域有"完全竞争的市场"？稍有不慎，整个国家的财富都可能被他们洗劫一空。

第五是民心向背。中国"文明型国家"的政权合法性的论述也是独特的：中国政权的合法性来源于"民心"，即"民心向背""得民心者得天下，失民心者失天下"，而"民心"并不完全等于"民意"。"民意"有时可以反映"民心"，有时则不能。在互联网时代"民意"一小时前后都可能发生巨变，但"民心"一定是相对稳定的，所以中国人讲"民意如流水"，但讲"民心大于天"。"民心"指的不是一时一刻的"民意"。如果用现代政治话语来解释的话，"民心"指的就是最广大人民的发自内心的支持，这种支持源于对人民整体和长远利益的把握。

有些人认为采用西方政治制度才能保证国家的长治久安，这不符合历史事实。中国历史上二三百年的中央政权延续是常见的现象，而西方文明在过去二三百年中经历了多少跌宕起伏？从无数次殖民战争到大规模的奴隶贸易到灭绝印第安人，从法国大革命到英国"宪章运动"到美国南北战争，到几乎使西方文明毁于一旦的两次世界大战，都说明了这一点。此外，我们还有"民可载舟，亦可覆舟"这种警示统治者的传统，统治者唯有勤政敬德才能保持自己统治的合法性，这种警示统治者的政治传统也是中华文明中的宝贵政治资源。

第六是选贤任能。这一点我在不同场合谈得比较多了，这里就简单谈一下。"选贤任能"也是在中国持续了上千年的政治传承。法国汉学家夏汉生（Cyrille J. D Javary）曾这样说过："中国两千多年来，被单一政党领导。"以前中国的领导层是通过选拔产生的"文人儒臣"，现在是通过选拔产生中共领导层。过去数十年中，我们已经在整个体制内推行了"选贤任能"制度，形成了能够致力于民族长远和整体利益的政治领导团队和梯队。虽然它还在不断完善的过程中，但总体上已经有效保证了中国的迅速崛起。今天你只要比较一下中国最高领导人的素质和美国最高领导人的素质，就可以看出哪种制度在国际竞争中可能胜出。

第七是兼收并蓄。中华民族热爱学习、从善如流、兼收并蓄，有"三人行必有我师"的千年古训。相比之下，西方文化更多是"三人行我必为师"的传统，中国人今天的口号是建立学习型社会、创新型国家。上至中央政治局的定期学习制度，下至无数职员忙着给自己"充电"，都展示了中国人好学不倦的学习精神。中国人从善如流，好的东西我都要学。中国在几乎所有的领域都有选择地借鉴别人的经验：从经济特区的建设到市场经济的形成，从企业管理到政府运作，从股票市场到证券市场，从科技研发到文化产业，从高速公路到高速铁路，可以说在我们所有的行业、所有的领域、所有的部门，都借鉴了其他国家的好经验、好方法，并结合中国的实际进行了消化和创新，这一切推动了中国方方面面的进步。

相比之下，西方故步自封了，真以为自己的一切都代表了历史的终点，结果西方国家一个接一个地陷入了第二次世界大战以来最严重的金融危机、财政危机和经济危机之中，并由此而引发了一系列政治和社会危机。许多发展中国家也不具备学习和创新能力，只知道跟着西方话语走，结果导致各种政治、经济、社会危机不断，从菲律宾到泰国，从伊拉克到阿富汗，从乌克兰到格鲁吉亚都是这样。2015 年以来席卷欧洲的"百万难民潮"，相当程度上就是西方力求按西方模式改造阿拉伯世界给自己带来的恶果，真是"搬起石头砸自己的脚"！

第八是推陈出新。兼容并蓄不是简单地模仿别人，而是博采众长、推陈出新。文化的包容性在于开放，但文化的生命力在于创新。中国重回世界之巅的过程中，博采众长，推陈出新的案例也比比皆是。比方说，我们的高铁建设就是一个推陈出新的经典案例。我在《中国震撼》一书中曾这样描述："我们建设高铁的指导方针是：'引进先进技术、联合设计生产、打造中国品牌。'我们先是利用中国巨大的国内市场优势，通过谈判让世界四大公司转让部分高铁技术；然后是组织自己 10 多万科研人员对引进技术进行消化、整合、创新，最终形成了超越西方水准的新技术和新标准，创造了中国品牌，使中国得以引领今天世界的'高铁时代'。"

在一个更大的范围内，我们过去 30 多年的许多成功几乎都是兼容并蓄基础之上的推陈出新，都是我们汲取他人之长并融合自己之长，然后进行综合创新和集成创新的产物。例如，在政治领域内，我们把"选拔"和"选举"结合起来，这种做法明显好于西方光是依赖"选举"的制度。在经济领域内，我们实行"混合经济"，它结合了"看得见的手"与"看不见的手"，结合了中国民本经济传统和现代市场经济实践，展现了独特的竞争力，带来了中国经济的飞速增长和百姓生活水平的大幅提高。我们还要继续学习和借鉴世界各国和地区的好经验，但一定以我为主，博采众长，洋为中用，另辟蹊径，自成一家。

第九是和而不同。"和而不同"也是重要的中国理念。"和而不同"是中国政治文化传承的核心之一，即"宇宙的一切都是互相依存、互相联系的，每一事物都是在与他者的关系中显现自己的存在和价值，故人与自然、人与人、文化与文化应当建立共生和谐的关系"。印度的佛教传入中国后就逐步与中国的儒学、道教互相渗透、互相综合，最终形成了儒、道、释"三合一"的中国传统。与欧洲延绵不断的宗教战争几乎把西方文明毁于一旦相比，中国历史上几乎没有发生过大的宗教战争，最终实现了儒释道和睦相处，互相兼容，相得益彰。无疑"和而不同"的理念和实践是中华文明得以持续不断绵延数千年的主因。

中国崛起成功的重要原因就是不偏激，不走极端，和而不同。中国走了一条稳健的改革之路，中国也因此而迅速崛起，崛起当然也产生了新的矛盾和问题，这些矛盾和问题再多，大多数中国人认为还是用"和而不同"的理念来解决更好。这也是历史上中国人治理庞大而错综复杂的社会时所信奉的理念。可以预期，在中国进一步崛起的进程中，"和而不同"的理念将继续发挥其独特的作用。

最后一点是良政善治。关于"良政"或"良政善治"（good governance），国际社会还没有形成普遍接受的定义。一些西方国家想垄断这个概念的定义，这是不能接受的。远在西方现代国家形成之前、在西方现代政治学形成之前，中国古代先哲关于"良政善治"的论述和实践已经非常丰富了。这种追求"良政善治"的传统源于中国古代先哲一直怀有追求完美社会的理想。《尚书》中的"德惟善政，政在养民"和"尧敬慎节俭，明察四方，善治天下，思虑通达"，《论语》中说"政者，正也"，《道德经》中的"正善治"，《孟子》中的"民为贵，社稷次之，君为轻"等都是这种追求的表现。从世界政治历史的比较来看，历史学家许倬云认为："中国文化代表了追求完美社会的一端，印度文化着重寻求解脱的一端。"西方历史上的主流也一直是"寻求超越现实世界的'救恩与解脱'"，直到"启蒙时代人本思想抬头时，西方才转而追求现实世界建立完美的社会"。

就理念的准确表述而言，我个人倾向于使用"良政"或"良政善治"，而非"善政"，尽管我认为"良政善治"指的就是《尚书》中所使用的"善政"，即"良好的、高明的政治治理"。但我们也要看到，随着汉语本身的演变，在现代汉语中，"善"字的首意已经是"善良"，为了防止把"善政"简单理解成"善良的政治"，我个人倾向于更多地使用"良政"这个概念，因为只要稍有政治常识的人都知道，"善良的政治治理"或"出于善良目的的政治治理"不一定能够达到"良好政治治理"的目的。今天的汉语中，"良政"似乎能够更好地表达古语中"善政"的意思，在这个意义上，"良政"和古人讲的"善政"是同一意思，亦可交换使用。"善良"无疑是褒义词，但"良好的政治治理"是良好治理目标和正确治理方法的有机统一。此外，"良政"这个理念与其英文表述 good governance 亦十分吻合。

对于普通民众来说，中国人讲的"以人为本""励精图治"，就是中国人理解的"良政"，每一个中国老百姓都懂得这个概念，外国人理解也不困难，其基本含义就是要想尽一切办法，做出一切努力，为了人民的利益把国家治理好。中国学术界也许要跳出西方话语的局限，结合中国和世界的实践，进行关于良政善治的原创性研究。

西方很多人总喜欢强调所谓"民主与专制"的对立。不少中国人也喜欢套用这个概念来分析政治问题，这个概念可以解释一部分现象，但同时又明显地缺少诠释力，因为这个观念显然把千差万异的世界政治形态过分简约了：这个世界只剩下民主与专制的对立，不是民主就是专制，民主是好的，专制是坏的，而民主和专制的概念又是西方界定的。这种分析框架显然是荒谬的。

如果一定要找到一个更为中性，更有诠释力，同时又能把世界政治简化为两大类的概念，我认为只有良政与劣政。记得多年前一位印度学者曾质疑我对中印比较的结论："您是不是想证明'专制'比'民主'更有效率？"我说："不是'专制'比'民主'

更有效率，而是'良政'比'劣政'更有效率。中国模式的相对成功表明：不管什么政治制度，最后一定要落实到'良政'才行，落实到中国人讲的'以人为本''励精图治'才行。'良政'可以是西方政治制度，也可以是非西方的政治制度，中国就是一个成功的例子，中国模式虽有不足，但经得起国际比较；同样，'劣政'可以是西方政治制度，也可以是非西方政治制度。"

　　中国从全世界，包括从西方，汲取了大量的智慧，所以才有今日之崛起，才会有明天更多的辉煌。但同时我也认为今天任何一个全球问题的解决，靠西方理念已经远远不够了，坦率地说，造成今天诸多全球问题的主要原因往往就是西方的理念和实践，从全球变暖到文明冲突，到金融危机，都是这样。这是西方需要认真反省的，否则西方自己的前途、整个世界的前途都不容乐观。13亿中国人通过30多年实践证明的理念是站得住的，对于解决当今世界的许多棘手问题也是有帮助的，对于西方自己认定要进行的那些改革也有参考意义，中国理念确实丰富了世界的智慧。

2016 年 10 月于吉林卫视《有理讲理》之"维为道来"节目

讲一个有品位的中国梦

习总书记提出"中国梦"的概念之后，遇到一个问题，就是很多地方宣传也好，研究也好，把它变成了一种套话的东西。这是一个大问题。做事情要做得有点品位，我曾经在牛津大学做过访问学者，我从来没有在一个地方见到过这么多马克思主义者，也就是他们把马克思主义研究做活了，做得有品位，他们讲课大家愿意来听。"品位"这个词可能不完全准确，但把一个东西做得大家都愿意看、愿意听，能使我们受到启发，这就是我说的"品位"，也许还可以找到一个更好的词。不要把"中国梦"变成一种教条的、枯燥的、套话的东西，而是真的带着创意去做，真的脚踏实地、带着问题进行原创性的研究。

以"中国梦"为例，"梦"是个什么东西？它是一种升华，一种理想状态，平时一般的日常生活中可能做不到的东西，在梦中你希望能够做到。那么从这个角度来切入的话，就会受到一些启发。我现在就结合两个案例来谈中国梦，一个是上海自由贸易区试验，一个就是十八届三中全会关于全面深化改革的决定。从中国梦的角度来思考，它是对中国模式的一种升华。

建立上海自由贸易区，是中国模式的一个特点，什么都先要进行小规模的试验，成功了再推广。我现在看到大部分的讨论，包括主流媒体等讲的大都是具体的问题，如减税免税、注册开业、负面清单、吸引更多的高质量外资、推动物流仓储和金融企业集聚等等。这个层面的讨论非常重要，也很有意义。

但我在想是不是我们有一个更深远的考虑。仔细看一下，中国和西方历史的此消彼长有这样一个情况，实际上西方打败中国是靠两个东西，一个是军事，一个是金融。欧洲1500年左右的时候开始，从四五百个国家，一直在打仗，打到最后成了二三十个国家，但坏事变"好事"，当然这个"好"是要打上引号的，结果它军事发展起来了，科技发展起来了，然后它就打别人，包括殖民主义，鸦片战争后来一系列的战争，中国被打败了。但是通过这60多年的努力，我们确实是赶上来了，这一问题我们解决了，我们有强大的国防，军事上没有一个其他国家敢侵略中国。

但是金融这一块，仔细看中国和欧洲的历史，鸦片战争英国打败中国之后，马上就是不平等条约，不平等条约后面的支撑体系是金融体系。整个的赔偿、赔款系统都是英国人控制的。这种体系尽管有很多的演变，但它还是很不公正的制度，包括美元的特殊地位等。现在金融这一块我们也取得巨大的成绩，外汇储备世界第一。我刚看到报道，使用人民币进行贸易融资的数额已超过欧元了，人民币也在开始走向境外，实际上哪里都可以换人民币，因为全世界都有这个需求，中国是世界最大的贸易国，但由于种种原因，人民币还不是自由兑换的货币，资本市场开放也有严格的控制。

我在想是不是我们要在金融这一块试一试，能不能在这个领域，不说打败人家，但是至少是赶上或者说是达到一个和西方平起平坐的水平。这么大一个国家，这么大的外汇储备，这种事情一点都不做，恐怕也不行。这是我的一个看法，我知道有一些学者是坚决反对资本市场开放、反对人民币自由兑换的，认为这样做太危险，风险非常之大。

但我在想也许从中国梦的角度来讲，在金融领域内尝试一下，看看在军事领域之外，我们能不能在金融领域内也战胜对手，这就是上海自由贸易区的重要意义之一。如果最终证明这个做法不行，我们也可以换一种方法来做。也许我们就自己这样发展下去，慢慢就是人家要来承认我们货币的问题，不必操之过急，这么大的贸易国，谁都需要人民币，甚至需要很多，最终世界都会接受人民币。这是第一点。

第二，从中国梦的角度来解读十八届三中全会的决定，讲一下自己的看法。我是用了另外一种表述方式，我说历史上佛教改变了中国，中国也改变了佛教，这就是佛教的中国化。同样马克思主义改变了中国，中国也改变了马克思主义，这就是马克思主义的中国化，当然这个过程没有完结。我觉得三中全会里面提出的经济改革目标如果都能实现的话，那是不得了，它将实现一种现代市场经济的中国化，就是说，现代市场经济已经改变了中国，但中国也改变了现代市场经济，也就是现代市场经济的中国化。

最后就是我们不少人没有注意到的一点，我们全面改革最后的落脚点是完善和发展中国特色的社会主义，这不是一个虚的东西，而是很实实在在的。有些人说我们这个制度问题太多，所以要全面改革，他没有看到这个背后是高度的自信。我就是这个制度，以现在的水平，这个制度也敢和你竞争，毕竟是你陷入了金融危机、财政危机和经济危机，我没有陷入。而且我可以做得更好。这背后也是一个中国梦的逻辑。

如果三中全会这个政治治理和政府治理的目标都能实现的话，那我想社会主义改变了中国，中国也改变了社会主义，社会主义的中国化大概也可以说基本完成了。那个时候，我们中国特色社会主义可能成为世界主流的社会主义。现在我们比较谦虚，叫中国特色的社会主义，那个时候"中国特色"这几个字也许就不必说了，就是主流的社会主义。可以有瑞典特色的社会主义，也可以有越南特色的社会主义，但中国是主流版本。我就谈这些，谢谢大家。

2013 年 12 月于复旦大学"中国模式与中国未来"国际研究会

中国金融业需要一个聂荣臻

中国崛起的规模和势头人类历史上从未见过，能够参与这样大的变革，是我们的幸运。上海也处于一个非常好的位置，既是改革开放的前沿，又是高度国际化的大都市。现在上海汇聚了一大批真正认同中国模式的学者，大家几乎都有海外长期学习和生活的经历，今天走到了一起，真是天时地利人和，我们在政治学、经济学、社会学、国际关系学、哲学、史学、法学等方面，都有很多课题可以做。在涉及中国模式的各个领域内，都可以找到有学问、接地气、有国际视野、有原创力并有一定激情的学者。中国今天已经进入全面复兴的伟大时代，这是一个可以做大事的时代。

我们处在人类历史上从来没有见过的大变革时代，我在《中国震撼》一书最后一节谈的就是中国人正在开创"千年未有之大变局"，背后是世界范围内政治制度和经济制度的竞争。我们要进行更多的制度比较研究，今天这个世界上，一个好的制度一定要有比较强大的整合能力、改革能力、适应能力。以加入 WTO

为例，加入后要做大量产业结构的调整和整合。中国加入 WTO 时我在日内瓦，当时很多人说 WTO 将改变乃至瓦解中国，美籍华人章家敦甚至预言中国 5 年之内将要崩溃。但事实证明我们赢得了这场战役，我们的体制具备了超强的整合能力，我们说干就干，开始认真地淘汰落后产能，把劳动力密集型传统产业加以调整，该转移的转移，该升级的升级。相比之下，意大利也好，西班牙也好，他们的制度不具备这种能力，传统产业的转型受到各种既得利益的掣肘，所以中国的产业转型比他们成功得多，当然我们也付出了一定的代价。未来的世界，一个体制的整合能力、改革能力、适应能力将成为国际竞争中的关键因素，现在看来，我们制度的这三种能力都更强一些，所以我非常看好中国模式的前景和整个国家的前景。

上个月，应光大—世纪集团邀请，和陈平老师一起去香港演讲，一路上聊了很多。陈老师对中国的金融问题很有研究，一些观点很有见地。他认为中国金融业取得了不小的成绩，但主要是防御的功劳，毕竟我们抵御住了美国引发的金融危机，这些成绩已经很了不起，我们要充分地肯定，但我们主动进攻还不够。他建议可以利用中国现在世界上规模最大的外汇储备，在上海建设一个亚洲美元债券市场，一些国家，特别是发展中国家，如果有好的项目，需要发债筹资，可以到这个市场上来做。美国一次又一次地实行货币定量宽松，不断转嫁自己的危机，从全世界剪羊毛，美元总体上也在不断贬值。通过建设亚洲美元债券市场或其他有效的机制，也许可以形成某种中国人自己可以掌控的美元财富管理机制，不能老是让美国出牌，我们接牌，这样就太被动了。我不是研究金融的，但我理解陈老师的思路。

我也看过西方学者写的一些文章，例如，法国就有学者撰文，认为中国手中握有对付美国的"金融原子弹"，美国前国务卿希拉里也曾私下问过澳大利亚当时的总理陆克文：中国今天已是美国最大的债主，在这种情况下，美国如何才能对中国强硬呢？换言之，西方一些人早就看到了，一旦中国成为美国的最大债主，就能对美国产生巨大的政治、经济乃至军事影响力。但国内这样思考问题的人似乎还不多，我们要鼓励这种前瞻性的原创性的研究，要把金融领域的问题思考透，我们的格局要更大一些，看看我们能做一些什么，最终在金融领域内强势出牌，把资产盘活，使我们处于一个更为主动有利的地位，即使一时做不到，也没有关系，这样的研究和探讨也要抓紧进行，研究的成果一定会有震撼力，对于中国未来的战略和外交都有积极意义。

我们要有大国意识，大国需要大思路，建设中国的亚洲美元债券市场就是这样的一种大思路，能不能做到，还需要研究。20世纪50年代，中国国防科技当时的领导人是聂荣臻元帅，聂帅的特点是走一步，看三步，积极防御，进攻性的防御，他有开阔的视野和长远的眼光，对科学技术也有相当的知识，他采用的是毛主席的军事战略思想。我们第一颗原子弹是1965年试验成功的，但聂荣臻早在1961年就向毛主席提议要搞洲际导弹，防空导弹将来要向反导弹系统发展，还要考虑通过搞探空火箭，为将来向星际航行开辟道路。我们在金融业内能不能好好研究一下聂荣臻当年领导中国国防科技的战略思想，在金融这个领域内，今天就要有超越美国模式、超越西方模式的眼光和思路，我们的金融业需要一个聂荣臻。

2014 年 1 月于复旦大学

世界大战、第二次世界大战都是这样打起来的。好在今天的世界已经变了，但我们还是需要十分警惕西方这种狭隘的爱国主义和民族主义。创造"爱国贼"的公知，反对的不是美国人的爱国主义，而是中国人的爱国主义，"爱国贼"骂的不是"贼"，骂的是爱国。

中国人基于家国情怀的爱国主义，相比西方以狭隘民族主义为基础的爱国主义，是一种超越。中国人爱国主义既是爱一个国家也是爱一个伟大的文明。中国人的爱国主义是长江、黄河、珠穆朗玛峰；是《诗经》《楚辞》、先秦散文；是唐诗、宋词、元曲、明清小说；是屈原、岳飞、文天祥、毛泽东；是普通话、四川官话、广东粤语、上海方言；是万里长城、北京故宫、桂林山水、陕西兵马俑；是川菜、粤菜、鲁菜、淮扬菜；是西湖龙井、黄山毛峰、武夷岩茶、洞庭碧螺春；是《梅花三弄》《高山流水》《二泉映月》《春江花月夜》；是四合院、广东骑楼、徽派大院、江南民居；是昆剧、京剧、粤剧、黄梅戏；是南昌起义、平型关大战、台儿庄血战、抗美援朝；是两弹一星、北斗导航、神舟号飞船、高铁四纵四横；是"己所不欲，勿施于人""四海之内皆兄弟""胸怀祖国、放眼世界"等。这是一种包容性极大的、既有个人志趣又有人类情怀的爱国主义。中国人的爱国主义精神不朽！

这里我可以再花一点时间谈谈特朗普2017年1月20日的就职演讲。我们不妨用中国人的话语来概括一下他的演说，大概主要有这么几点：第一，美国人民从今天开始站起来了。他说"今天的典礼，意义非同寻常。今天我们不仅仅是把权力从一个政府转交给另一个政府，或者从一个政党转交给另一个政党，而是将权力从华盛顿的权贵的手中归还给人民"。我们多少公知在那儿天天宣扬美国民主制度代表了人民，突然发现美国新总统自己认为，只是到了 2017 年 1 月 20 日，美国人民才站了起来，当然，是否真正站了起来，还是很有争议的。

第二，消除贫困是当务之急。他是这样说的，全国各地一个个家庭在挣扎，在内城中生活的母子们深陷贫穷，工厂锈迹斑斑好似墓碑。犯罪、黑帮还有毒品已经夺去了太多生命，盗走太多未能发觉的天赋，这是对美国人民的屠杀。我们一些人把美国吹得天花乱坠，吹成了天堂，看看美国总统的这些描述，不知有什么感想。其实这是一个常识判断，我早就说过了，美国有一个庞大的第三世界，美国今天的中位家庭净资产才 40 多万元人民币，到中国多数的城镇，恐怕都属于弱势群体了，在上海怎么都属于贫困家庭了。

第三，美国的利益压倒一切。他是这样说的，从今天起，只有美国优先，美国优先！每一个贸易、税收、移民和外交的决定都将以美国劳工和美国家庭的福祉为第一考虑。我们必须买美国货，我们的公司必须首先雇用美国人。已经是 21 世纪了，世界各国的利益早已随着全球化而互相关联，但美国的特朗普总统决定开始搞保护主义、民族主义，究竟会产生什么影响，我们还要看。

第四，空谈误国。总算有一个西方领导人公开点出了一个每个中国人都懂的道理，空谈误国，实干兴邦。

最后就是号召美国人民大力弘扬爱国主义精神，为实现美国复兴之梦而奋斗。

当然，对于特朗普的就职演讲还可以有各种解读，我只想强调一点，今天的中国完全可以自信地平视美国、平视西方，也就是说用中国人的眼光给西方和西方模式把把脉。完全可以用中国人自己的话语，把西方的一切说得清清楚楚。我自己就一直在这样做，感觉可以。

比方说，我认为，西方制度今天最大的问题是缺乏"实事求是"的精神。尽管西方号称有言论自由、出版自由，但西方政治生活中意识形态禁锢极多，是"选举政治"化，这意味着政客所作所为都首先考虑"选举政治"的需要。例如，美国的金融海啸本质上源于金融监管失控和资本力量对体制的控制，但美国两大政党却不愿意实事求是地看问题，而是忙于转移视线，把责任推给中国，声称中国操纵了人民币汇率和抢走了美国工人的饭碗。

我还说过，西方缺乏一种"选贤任能"的制度。在西方国家里，多党民主制度早已演变成一种"游戏民主"，即把民主等同于竞选，把竞选等同于政治营销，把政治营销等同于拼金钱、拼资源、拼公关、拼谋略、拼形象、拼演艺表演；政客所做的承诺无需兑现，只要有助于打胜选战就行。这种没有"选贤任能"理念的"游戏民主"所产生的领导人能说会道者居多，能干者极少。希腊的帕潘德里欧和意大利的贝卢斯科尼是这些国家的标志性人物。帕氏祖孙三代担任希腊总理，是西方"游戏民主"里小范围选人的"家族政治"典型。贝卢斯科尼是意大利首富，坐拥亿万家产，控制意大利主要传媒，尽管关于他的各种绯闻和丑闻几乎从未间断，但他还是三度出任了政府总理。这些国家都曾相当风光，但一代无能的纨绔子弟就把国库弄了个精光。

我还认为西方制度缺乏"综合平衡"。从经济角度来看，西方危机的一个主因是多数西方国家经济结构严重失衡，入不敷出，都成了寅吃卯粮的债务依赖型经济。从一个更大的范围看，西方政治制度结构上缺少一种政治力量、社会力量和资本力量之间的平衡。这种失衡导致不少西方国家的"民主"制度日益演变成了"钱主"制度。

我还多次写文章谈过西方的"空谈误国"。美国总统奥巴马2008年是高喊着"变革"的口号入主白宫的，但这么多年过去了，他兑现了多少承诺？华尔街还是我行我素，他承诺削减国债，但国债却从原来的11万亿美元增加到20万亿美元。邓小平早在20世纪80年代初就调侃过美式民主的空谈特点："美国把它的制度吹得那么好，可是总统竞选时一个说法，刚上任一个说法，中期选举一个说法，临近下一届大选又是一个说法。美国还说我们的政策不稳定，同美国比起来，我们的政策稳定得多。"对美国政客忙于打口水仗，美国公众也深感失望，美国盖洛普公司 2012 年 6 月的民调结果证明了这一点：美国公众对美国国会"非常有信心者"仅为 6％，"较有信心者"为 7％，两者相加是 13％。

今天西方民主模式，其实很像一个被宠坏的孩子，如果他有祖上遗留下来的家产，如西方许多国家那样，他自然还可以继续挥霍和"游戏"，但在这个竞争日益激烈的世界上，这种情况恐将越来越难以为继；而对于那些没有祖上留下家产的发展中国家，一旦成了宠坏的孩子，则无药可救。

西方制度如何改革，中国人药方就是八个字："与时俱进，改革创新。"其实西方许多有识之士也意识到了这个问题。在经历了 540 多天无中央政府的危机后，比利时的一批知识分子于 2011 年 11 月发表了《千人集团宣言》，对西方民主制度未能"与时俱进"提出了强烈的批评："除了民主，现在全世界的革新无处不在。如公司必须不断创新，科学家必须不断跨越学科藩篱，运动员必须不断打破世界纪录，艺术家必须不断推陈出新。但说到社会政治组织形式，我们显然仍满足于 19 世纪 30 年代的程序。我们为什么必须死抱着 200 年的古董不放手？民主是活着的有机体，民主的形式并非固定不变的，应该随着时代的需要而不断成长。"总之，用中国人的眼光看世界，用中国人的话语点评世界的时候已经到了，我们应该当仁不让。

种种迹象表明，世界历史发展到了一个重大转折期。如果说 1991—1992 年是苏联解体、东欧崩溃，是社会主义遭受重大挫折的时刻，那么 2016—2017 年英国公投"脱欧"和美国特朗普上台等"黑天鹅现象"，则是西方资本主义遭受重大挫折的时刻。整个世界面临大转折，整个世界也因此而出现了大量的不确定因素，与这种不确定形成鲜明对照的是中国展现出来的高度的政治定力和经济定力。人民共和国经过近 70 年，特别是后 40 年的不懈奋斗和探索，真正在世界范围内崛起了，我们为国家的崛起成就感到自豪，我们已经找到了自己的成功之路，而且这条道路正越走越宽广。

2017 年 1 月于"观视频"拍摄演讲

人权之争

大家就中国人权提了一些问题，我也谈谈自己的看法。主持人刚才提到"中国崛起对国际人权的挑战"，但我的看法正好相反，我认为没有中国在人权和人的自由方面的巨大进步，中国的这种崛起是不可能的。一个人权被不断侵犯的民族是不可能如此迅速崛起的。您不妨问一问您在中国或者世界任何地方见到的中国人：中国的人权究竟是好了还是坏了？我想大多数中国人的回答是现在更好。

中国是世界上变化最大最快的国家，欧洲 300 年的发展，中国压缩到了三四十年，这个过程自然会出现各种矛盾，包括不少人权问题，需要逐步解决，但多数中国人对自己国家的发展方向是满意的，美国皮尤研究中心就此做过跨国民调，2008 年中国人的满意度是 86％，美国人是 23％。所以讨论中国人权，应该先问中国人，而不是美国人和欧洲人。

奇怪的是西方总认为自己比非洲人更了解非洲，比俄罗斯人更了解俄罗斯，比中国人更了解中国，这肯定是有问题的。以非洲为例，西方总认为非洲的民主化必须压倒一切，但你们至少应该问一问非洲人自己是怎么考虑的。我走过很多非洲国家，可以说，非洲人最想解决的人权问题首先是吃饭问题，然后是疾病问题、就业问题、治安问题，但你们硬要人家把民主化放在第一位，结果多少非洲国家陷入了动乱和饥荒？

世界上没有一个国家能同时实现所有的人权，所以一定要有轻重缓急。中国人没有按照西方的逻辑去做，我们把消除贫困作为核心人权，实现了七亿人脱贫。如果按照西方的标准做，消除贫困根本就不是人权，美国至今连经济、社会、文化权利都不承认，所以我们不等西方觉醒了，我们已经这样做了，而且效果不错。

刚才有人问为什么中国不参加西方对一些非洲独裁国家的制裁。这里又涉及一个理念上的巨大差别。从中国人的理念来看，帮助非洲国家脱贫本身就是实现一项核心人权，任何国家都不能找借口侵犯这项人权。这有点像国际红十字会的人道主义救援活动，它是不分敌我的，它是从人道主义角度出发进行的。如果要制裁一个国家，那需要联合国授权来共同进行，而不能只是几个西方国家说了算。西方在非洲什么都按照自己的标准行事，简直成了政治勒索，受援国家怎么可能发展起来？西方国家自己也有很多的人权问题，比方说，绝大多数西方国家至今都未实现男女同工同酬，这无疑是侵犯人权，是不是联合国应该对西方实行制裁呢？

民主是普世价值，但西方的民主制度不是普世价值，这两者是不能混为一谈的。民主的核心是要体现人民的意志，实现良好的政治治理。一党制也好，多党制也好，无党制也好，能够实现良政的才是好制度，不能实现良政的就是坏制度。环顾整个世界，我根本找不到一个非西方国家可以通过采用西方的政治制度而变成一个发达国家的先例。

西方自己也应该反省自己的政治制度。美国的金融危机是怎么发生的？南欧的"笨猪四国"是怎么形成的？这些危机与西方民主是什么关系？这些危机侵犯了多少人权？为什么美国三权分立既不能预测金融危机，也不能有效地对付危机？我想关键是仅靠政治系统内部的三权分立解决不了问题，现代国家更需要整个社会的平衡，特别是政治力量、资本力量、社会力量之间的平衡。中国得以避免金融危机，与中国模式的这个特质有关。如果美国民主制度无法平衡资本力量，那就还会有新的危机。

至于死刑问题，我想多数中国人不同意废除死刑，这种民意要尊重，这是民主的前提。我倒是在琢磨一个与此相关的问题，如果西方那么尊重生命，包括尊重杀人犯的生命，那么你们为什么不能再往前走一步，直接宣布：和平是普世价值，除非联合国授权，任何国家都不能发动战争。美国发动的伊拉克战争杀害了总有十几万平民吧？这不等于是对十几万无辜者执行了死刑吗？这不是大规模地侵犯人权吗？

人权很重要，但许多传统价值也同样重要，一个社会的良性运作需要多种要素的有机组合。像所有国家一样，中国也有贪官、有坏蛋、有刁民，但我们总体上保持了淳厚朴实的民风，这种民风的形成得益于中国数千年形成的传统文化。最近海地和智利大地震后都发生了大范围的抢劫，而中国 2008 年发生的汶川大地震，没有出现这种情况，尽管我们受灾的人数是智利的 10 倍。为什么？我想中国的传统文化起了作用。这是一种人本文化，人要将心比心，救人于危难之中，不能趁火打劫，那是要遭天谴的。

前几年，中国有一首流行歌曲，叫《常回家看看》，很受欢迎，结果却引起了一些争议。因为歌词中唱道："领着孩子常回家看看，带上笑容带上祝愿，陪同爱人常回家看看，妈妈准备了一些唠叨，爸爸张罗了一桌好饭，生活的烦恼跟妈妈说说，工作的事情向爸爸谈谈。"一些女权主义者认为这首歌歧视了妇女。但大多数中国人不这么认为。他们认为现代化进程导致了过分忙碌的生活，但再忙我们也不应该忘记自己的父母。这首歌唱出了中国人的文化传承，这是一种温馨的人文传统。每一个社会都有自己的文化传统。中国的文化传统比西方人权理念的出现要早得多。世界上的事情不能什么都套用西方形成的人权标准。世界人权事业的未来方向应该是更多地包容不同的文化和智慧，从而丰富人权的理念。说到底，我们更要防范的不是所谓文化相对主义，而是文化绝对主义——那种把自己的文化说成是普世价值，把人家的文化说成是落后习俗，然后把自己的东西强加于人的做法。

过去我学英文，我的英国老师告诉我，英文中"我"是大写的，表明了个人在社会中的重要地位。中文没有大小写，但是如果有的话，我想中文也会把"你""你们""我们"等都大写。人有不同的社会角色：你是一个儿子，是一个丈夫，是一个父亲，也是一个别人的同事。中国文化中"我"的权利和义务是联系在一起的。我觉得中国的人本文化可以丰富西方以个人自由为基础的人权观。我也认为中国的古老文明其实是非常后现代的，对于解决西方今天社会的各种问题，对于解决全球治理的难题都有益处。

至于中国持不同政见者的问题，坦率地讲，这些人似乎一直期盼中国出现一场"颜色革命"。但是"颜色革命"给乌克兰带来了什么？灾难。给格鲁吉亚带来了什么？灾难。给吉尔吉斯斯坦带来了什么？灾难。这些人的榜样是捷克《七七宪章》和波兰团结工会。其实，他们的这些要求在海地共和国得到了全部的实现，但海地是个彻底的失败国家。世界已经进入 21 世纪了，世界已经经历了苏联解体、南斯拉夫崩溃和"颜色革命"一个接一个的失败，但这些人还是在那谈论抽象的民主，照搬西方模式，何以服人？这些人还可以问一问自己：为什么长期生活在西方的绝大多数海外华人也不支持他们？

我 4 年前去波兰访问，顺便查了一下美国皮尤研究中心的民调，那一年，中国人对自己国家的满意度是 72％，波兰是 13％，您说谁该向谁学习？我建议您去团结工会的发源地格但斯克去看一看，去华沙看一看，再去上海看一看，就知道世界的未来在哪个国家了。中国历史上曾经上千年领先西方，后来我们骄傲自满，闭关自守，结果就落后了。中国现在一直认真学习别人的一切长处，包括西方保护人权的有益经验，但也不放弃自己的优势，所以中国进步很快，1 年等于西方 10 年，中国人今天的目光也已超越了西方模式。西方如果还是自我中心，只知道教训别人，不知道向别人学习，终有一天会后悔的。

2010 年 3 月于日内瓦人权国际电影节

"普世价值" 的普遍困境

大家好，今天我要讲的题目是"'普世价值'的普遍困境"。相当长一段时间内，一直到今天，西方很多国家坚持世界上有一种"普世价值"。西方所界定的自由、民主、人权，就是这个"普世价值"。我们现在了解一下"普世价值"的来龙去脉。1789年法国大革命通过了《人权与公民权利宣言》。我们中国人翻译成《人权与公民权利宣言》，实际上法文原文指的是男性公民的权利。两年后的1791年，法国一个伟大的女性叫奥兰普·德古日（Olympe de Gouges），她写了另外一个宣言，就是女性公民权利的宣言，结果她被送上了断头台。1776年美国《独立宣言》提出人生而平等，但它指的是有钱的男性，不包括妇女、穷人、黑人、少数民族。因为当时美国对印第安人还是实行屠杀政策的，美国的国父几乎都是奴隶主，包括华盛顿、杰斐逊等。

应该说现在讲的自由、民主、人权等，或多或少有一些新的共识，那么这个共识也是到了1945年第二次世界大战后才逐步形成的，而不是说一开始就这样界定的。虽然美国《独立宣言》提出人生而平等的概念，但是在南北战争之后，又维持了将近一个多世纪的对其他少数民族，特别是对黑人的歧视和对华人的歧视，还专门通过排华的法案，黑人获得投票权是 1965 年。所以我们可以看到整个西方历史的演变，西方的人权概念跟过去相比也在进步，但是我们要看到他们最早的所谓人权的文献，跟我们理解的人权是不一样的。西方所谓的普世价值面临什么困境呢？

第一，程序困境。什么是普世价值？从这个词的字面也可以理解，那就是大家都应该接受的，所有国家、所有人民都应该认同的一些价值。他们说自由、民主、人权好，为什么不能接受呢？但我就要提一个问题，如果说自由、民主、人权好，全世界都应该接受，所有人都应该接受，那总要经过某种程序吧，大家讨论讨论，如何界定，哪些属于普世的，哪些属于非普世的，哪些属于一个地区的，但我们从来没有听过召开什么会议讨论普世价值，然后通过投票，多数国家或者全世界各国都接受，没有经历过这么个程序。

举个具体的例子，比方说，现在说这个自由、民主、人权是普世价值，那我问个问题：和平为什么不是普世价值？发展为什么不能成为普世价值？和谐为什么不能成为普世价值？消除贫困为什么不能成为普世价值？和平当然应该成为普世价值，但美国就是不同意，美国保留发动战争的权利，它说它代表了正义。发展为什么不能成为普世价值？你总得说出个道理来吧？我们中国作为一个崛起的文明型国家，有很多理念，例如仁爱，都是很好的价值，应该向全世界推广，它们能不能成为普世价值呢？所以得有个程序问题。如果说不行，你告诉说需要通过一个什么程序来证明它不行；如果说可以，那么通过什么程序把它们变成普世价值。如果自由、民主、人权是普世价值，那么我还要增加一些普世价值，怎么才能增加？总得有个程序，现在这个程序根本就没有。世界上的事情各个国家都有权发表意见，我们叫国际社会的民主，然后再达成共识，再形成什么叫普世价值。所以说西方到今天为止推动的普世价值没有能够真正地解决程序合法性的问题，这是普世价值的程序困境。

第二，理念本身的困境。就是自由、民主、人权，怎么来界定，谁来界定。比方说，美国说他有言论自由，但是现在来看，这么大规模的网络监控，通过斯诺登这个案例可以看出来，不光对普通的美国老百姓，而且对全世界各种邮件的监控，对领导人电话的窃听等。这超出很多人的想象，这还算不算言论自由，算不算美式的言论自由。美国的民主制度花这么多钱，是民主（democracy），还是"钱主"（moneytalkracy），即用钱（money）来谈话（talk）的制度。所以我们可以提出很多问题，即使是在西方国家内部。比方说瑞典，瑞典是所谓福利国家，福利比较高，但是他福利高的前提是征很高的税，这么高比例的税。如果换一个西方国家，比如说美国，那就侵犯了家庭的、个人的私有财产权，不能征这么高的税的。大家知道圣公会是英国的国教，英国学校里有宗教课的。法国对此就不能接受，法国反复说我是个世俗国家，不能接受学校里教宗教。所以即使在西方国家内部，对于什么是人权都有不同的解释。

所以说国际社会还没有达成共识，比方说我前面讲到的，经济、社会、文化权利，全世界所有国家几乎没有例外都参加了联合国《经济、社会、文化权利公约》，但美国就是不参加，也就是说大部分国家认为经社文权利很重要，但在美国这些就不属于人权，美国法庭不会受理这样的案例的。我再举个例子，就是有一个所谓的中国持不同政见者叫刘晓波，获得了诺贝尔和平奖。他最有名的一句话就是中国至少要让西方殖民中国 300 年，他说中国香港发展到今天这个水平，因为香港被英国殖民了 150 年，中国这么大的规模，那至少 300 年才能变成一个现代国家。这个话如果用人权或者是普世价值的观点来看的话，完全是违反普世价值的，殖民主义是普世价值所谴责的，那么诺贝尔和平奖委员会是不知道刘晓波的这个观点呢，还是知道了但还是硬要把这个奖颁给他。如果你不知道，那证明你无知，刘晓波一直坚持这个观点，从来没有悔改过，他公开反复地表示过这个观点。我曾写过文章，点出了这个问题，背后反映出来的是西方理念的困境。之所以把奖颁给刘晓波，是因为刘晓波反对中国政府，反对中国特色社会主义制度，西方认为这个制度本身违反了他们界定的民主制度。

西方喜欢纯抽象地谈这些概念，有时候没人可以反对，人权挺好、民主挺好，谁能反对？但我说把这些概念适度地具体化，它就忽悠不了人了：你的民主究竟是什么样的，钱主算不算民主？你的言论自由究竟是什么样的，刘晓波把中国殖民 300 年的言论算不算言论自由，允许不允许？把抽象的概念适度具体化，就可以把问题看得非常清楚了。

另外就是实践中的困境。现在我们看到"颜色革命"爆发，结果很快就褪色了，"阿拉伯之春"爆发很快变成"阿拉伯之冬"了，背后就是这些理念一旦落到实践中，就产生了严重的水土不服，造成了各种各样的问题。西方一定要推动普世价值，认为他们的制度就是最好的制度，穆巴拉克是专制，萨达姆是专制。其实可以到埃及去，或者到伊拉克跟他们了解，我看到一个对伊拉克老百姓的采访，他说过去我们就一个萨达姆，现在至少有 100 个萨达姆，每一个地方都有自己的萨达姆，整个国家陷入了彻底的混乱，几乎是无政府状态。

所以普世价值导致很多的水土不服。西方一直有这么个观点，就是人权高于主权，就是我有权利以捍卫人权的名义对他国进行武装干预，它用这个借口做了很多事情，阿富汗战争、伊拉克战争等等，都是以人道主义、人权干预为理由的，所以我们需要从国际法角度来真正理论一下。

《联合国宪章》对使用武力有明确规定的，就是人权到底能不能超越主权。《联合国宪章》明确规定主权平等，不能随便干涉别国的内政，需要和平解决国际争端，这是一个基本的框架。如果你要使用武力的话，要得到联合国的授权，特别是安理会的授权，才能使用武力，这是联合国的基本规范。所以伊拉克战争是典型的非法战争，没有经过联合国的授权。从国际法来看，只有几种情况，如大规模地粗暴侵犯人权的行为，联合国可能授权进行武力干预的。还有就是战争罪、反人类罪、种族灭绝罪等，这时国际社会得到联合国的授权可以进行必要的干预，这个干预是有严格的国际法的规定和程序的。但西方国家现在就是以普世价值、人权卫士的名义为所欲为，给世界留下了大量的战乱和混乱。

前段时间和欧洲学者讨论欧洲难民问题，他们说中国也应该参与接受难民，我说中国可以接受，但有个条件就是西方要认错，是你们所谓的普世价值导致了中东的混乱，导致了今天的难民危机，否则以后你还要再犯这个错误，我们帮助你解决这个问题之后，你再犯屡犯怎么办。所以我从中国视角、中国话语视角来给西方认定其不可逃脱的责任，不要让他们轻易地逃走，现在西方不谈他们需要承担的主要责任，就让国际社会一起来分担这个问题。我说他们应该承担对这个问题的责任。

我还讲过一个观点，如果真的是人权高于主权的话，那么现在西方国家一个都没有实现男女同工同酬，我们是不是要呼吁对西方国家进行制裁。美国对伊拉克发动战争是明显违反人权，到欧洲国家做民调，整个欧洲大部分老百姓都认为这个战争侵权人权，那欧盟为什么不带头制裁美国呢？所以我觉得这个问题一旦展开之后，就可以把问题看得非常清楚。

　　我们可以总结一下，那就是西方"普世价值"的普遍困境，第一个就是程序合法性还没有建立起来，如果可以建立一个程序，那中国还有很多价值愿意向世界提供；第二个就是理念本身的问题，只要把这个问题稍微具体一点来谈，不要在它那个抽象层次，给他谈一谈，就可以看得很清楚；第三个就是实践中出现对人权的大规模侵犯，搞得世界不得安宁，造成今天世界的很多问题。所以我觉得随着中国的崛起，我们应该把这样的声音传出去，这对于建立一个比较公正、更加和平、更加繁荣的世界有好处。今天就讲这些，谢谢大家！

2016 年 10 月于吉林卫视《有理讲理》之"维为道来"节目

互联网治理要靠协商民主

建构网络空间命运共同体非常重要。我们知道，在抽象的意义上，网络空间好像是虚拟的、开源的、平等的，但在现实当中，网络世界却是不平等的。比如说根服务器的地理配置是不均衡的，全球互联网基础资源（IP 地址）的配置、互联网治理的话语权等，也是不平等、不对称的。国际网络空间治理，在相当程度上，还是有些国家在搞单边主义，甚至要通过互联网把自己的政治模式强加于人。

今年"双十一"的时候，我正好在英国牛津大学谈中国模式，也有听众问起了中国网络治理问题。我说，今天是中国的"双十一"，淘宝网上交易额是 1 207 亿元，这是什么概念？中国"双十一"一天网上交易额超过印度 2015 年一年的网上交易额，这是中国民本主义网络发展模式成功的一个缩影，这也就是习近平主席所说的网络发展的目的是要更好地造福人民。背后是中国民本主义治国理念的巨大成绩：世界最多的互联网用户、世界最大的制造业产业链、世界一流的基础设施、世界上最大而且高效的物流系统等等。

我对英国学者说，西方不要老想通过网络颠覆别国的政权，Please mind your own business（请好好关注一下自己的事）。经历了糟糕的英国公投"脱欧"，英国经济已遭受沉重打击。主张"脱欧"的民众大多不看英国精英媒体，不看《金融时报》，不读《经济学人》杂志，他们更多地从新社交媒体获得信息。很多人还没搞清楚什么是欧盟，就投票退出欧盟了。谷歌的报告显示，投票后大家一觉醒来，发现已经"脱欧"了，然后开始在网上拼命搜索"什么是欧盟？"英国要探索适合自己民情国情的互联网治理模式，否则的话，10年之后还有没有"大不列颠"都是个问题。如果一直公投下去，最后可能只剩下"小不列颠"了。网络命运共同体的建设，也符合西方自己的利益。

建设网络命运共同体，首要的是改善和改革现有的互联网治理体系，促进世界范围内互联网治理问题上的公平正义。随着全球化和互联网技术的发展，世界多数国家人民的生活都受到互联网发展的影响。互联网是把双刃剑，一方面，它极大地促进了各国的经济、社会、政治等方方面面的发展，今天多数人的生活和工作已经离不开互联网了；但另一方面，这种依赖性也意味着各种风险的显著增加，民粹主义上升是一个大问题，网络攻击更是一个大问题，它可能导致一个国家经济和社会生活的整体瘫痪。

命运共同体意味着各方的命运都联系在一起，一荣俱荣，一损俱损。网络安全是今天整个世界面临的挑战，没有任何一个国家能够置身事外、独善其身。维护网络安全也因此而成为整个国际社会的共同责任。世界各国应该携手努力，共同遏制信息技术滥用，反对网络监听和网络攻击，更要反对网络空间军备竞赛。

我们需要改变网络领域的单边主义现状。世界的事要大家商量着办。中国人主张协商民主，在国内国外都提倡协商民主。协商民主模式是中国迅速崛起的一个重要原因。世界网络空间的治理特别需要协商民主才能真正做好，因为它涉及各方利益的调整。我那天对英国朋友也说到，像英国是否"脱欧"这样的事，如果借鉴中国的协商民主模式，效果会好得多。采用公投的方法，坦率地说，是愚蠢的，只会导致英国社会的撕裂乃至国家的解体。让我们共同努力把世界网络空间变成各国合作发展的新领域吧！

2016 年 11 月于世界互联网大会

中国政治文化对国际人权保护的启迪

我想谈六点看法。

首先，西方在互联网世界以传教士精神推动西方价值观，结果是适得其反。众所周知，2016 年发生了几件大事，一是"阿拉伯之春"变成了"阿拉伯之冬"，中东大量难民逃离战乱，涌入欧洲；二是英国"脱欧"公投，带来了英国的经济和政治危机，带来了欧元和欧盟的危机；三是美国大选选出了大地产商特朗普当总统，这给整个西方世界带来了海啸般的震撼，一些人说这简直是美国自己的一场"政权更迭"。西方长期以来自称自己的制度是"自由（主义）民主"，是保护人权最好的制度，结果选出了公开挑战"自由（主义）民主"、公开挑战人权的特朗普。

这三个事件有一个共同的特点，互联网兴起的社交媒体发挥了巨大的作用。曾几何时，西方一些势力以信息自由的名义，不遗余力地通过互联网，推动颜色革命、"阿拉伯之春"和政权更迭，背后是传教士的文化传统——唯我独尊，非我族类，其心必异，结果带来的是整个世界的动荡不安，最终也给自己带来了颠覆性的挑战。特别是新社交媒体崛起对西方体制自己所带来的颠覆性挑战：特朗普的支持者大多不看《纽约时报》，不看《华盛顿邮报》，不看 CNN，他们更多使用新社交媒体获得新闻和信息，新社交媒体对西方秩序的颠覆恐怕才刚刚开始。

第二，中国的民本主义文化与人权。在互联网时代，中国的互联网治理模式是民本主义模式，背后是整个国家治理（包括推动人权）的理念也是源远流长的民本主义文化。什么是民本主义文化？就是不能让政治机器空转，政府所做的一切，包括经济改革、社会改革、政治改革、推动互联网发展、推动人权进步等等，都要首先满足人民最大的需求，都要最终落实到民生的改善。

今年的"双十一"，中国阿里平台一天的销售额超过印度去年一年的电子商务交易总额，背后是中国这些年来通过改革开放，推动民生改善的巨大进步：移动互联网的创新发展、世界一流的基础设施、全球最大的制造业产业链、普及型的物流系统、世界最大的中产阶层。从人权角度看，民本主义文化就是要尊重和满足绝大多数人民最重要的需求，西方内部出现的民粹主义思潮某种意义上也是对西方"政治正确"主导一切、忽视民生、多数人实际收入和生活水平 20 年没有改善的义愤和反抗。

近年来世界范围内出现的逆全球化的趋势，一个重要原因就是迄今为止的全球化未能给多数国家的多数民众带来生活的改善。在这个意义上，中国民本主义的模式对促进人权的最大启发就是，人权应该首先是民本导向，最大限度地了解民情，满足人民的优先需求。

第三，中国兼收并蓄的文化与人权。与上述的传教士精神有关，一些西方国家在人权领域里推行的也是"零和游戏"，你死我活，一方是法官，另一方是罪犯。与此相反，中国的政治文化是"兼收并蓄"，"三人行必有我师"的传统和理念使中国成为世界上进步最大最快的国家。在人权领域内为什么不能互学互鉴呢？

中国在人权领域内学习了许多国家的经验，包括德国的经验，比方说加强人权立法。但德国为什么不能借鉴中国实现男女同工同酬的一些经验呢？这是妇女权利。德国为什么不能反思一下支持"阿拉伯之春"的错误给那些阿拉伯国家带来多少对人权的侵犯，给德国自己又带来多少问题乃至危机呢？在"阿拉伯之春"的问题上，中国人的态度要慎重得多，德国就不能借鉴一些中国经验吗？

第四，中国人整体思维文化与人权。中国人有个说法：不谋万事者，不足谋一时。不谋全局者，不足谋一域。中国迅速崛起离不开中国长于进行中长期的战略规划。国际人权保护也要根据各个国家的民情国情，进行整体安排和规划。同一笔钱，可以用于改善监狱的条件，也可以用于帮助难民，也可以用来发展残疾人事业，所有这些可能都属于促进人权，但应该根据一个国家的实际情况，分一下轻重缓急，制定出战略和规划。

　　第五，全面反思西方的"价值观外交"。2011年"阿拉伯之春"爆发，西方兴奋和支持，但5年后，120万难民涌入欧洲，带来了各种问题。同一年，中国发生了什么？1亿2千万人次出境，说明了什么？中国形成了世界最大的中产阶层。德国总统高克今年年初在上海同济大学演讲，也影射中国像德意志民主共和国，这是对中国的一个很大的误解。德意志民主共和国是一个封闭的国家，中国是一个开放的国家，有些人把中国大陆与台湾比喻成德意志联邦共和国和德意志民主共和国，那么当年用脚投票的是德意志民主共和国人，今天用脚投票的是台湾人，光是上海，至少有30万台湾同胞，整个在中国大陆生活工作学习的台湾同胞恐怕相当于一个慕尼黑的人口，也就是170万左右。台湾地区这个制度不要说与中国大陆竞争，恐怕一个上海都竞争不过。

　　欧洲老说中国人权每况愈下，怎么可能呢？每年1亿多人次出境，但99.999%都回来了。这只能说明中国是人权进步最大最快的地方。如果连这一点都要否认，那恐怕就违背常识了。让我再印证一下最新的英国益普索公司在世界主要国家做的民调，2016年10月民调的结果：中国90%的人认为自己的国家走在正确的道路上，相比之下，德国只有31%。我们是否可以问一下：为什么德国有69%认为自己的国家走在错误的道路上？你们有没有了解一下这么大的不满群体中，有没有一些是因为自己人权遭到侵犯而心怀不满呢？

　　第六，从中西方政治文化的比较中得到的一些启迪。刚才我讲了"民本主义""兼容并蓄""整体思维"，这里我还可以把中国政治文化放到一个更大的时空背景下来看，我们还可以看到中西方文化在下面三个方面的显著差异，而这种差异对于国际人权保护是有启迪意义的。

一、中国历史上几乎没有经历过宗教战争。这和欧洲历史上经历过上千年的宗教战争形成了鲜明的对照，某种意义上这是对人权最大的保护（免于战争），背后是政治文化的差别：中国人主张"和而不同""儒释道共存"，而西方文化具有唯我独尊的传教士传统。在全球治理方面，"和而不同"显然代表了更好的理念和实践。当世界各种文明通过互联网而直接面对面的时候，唯有兼容并蓄，取长补短、和而不同的文化才能更好地解决不同文明近距离接触可能带来的各种问题。

二、中国历史上几乎没有贸易战争，我不是指今天人们说的贸易保护主义措施，而是指贸易纠纷导致的大规模军事冲突。中国政治文化中，贸易是互通有无、促进民生。丝绸之路在历史上发挥的作用就是一个很好的例子。今天全球治理的一个核心问题是如何通过推动世界贸易的发展，推动互联互通，实现更加包容的发展，造福世界人民。全球治理中这是最重要的内容之一。在逆全球化蔓延的时刻，中国人所主张的通过贸易改善民生、促进人权，可以帮助更好地实现全球经济治理。

三、中国历史上几乎没有种族战争。西方的帝国传统是军事征服的传统，在西方崛起过程中又形成了以种族主义为基础的殖民主义文化，把非西方民族看作是可以随意征服和杀戮的落后种族，这种文化的影响迄今阴魂不散。一些历史学家称中国为"文化帝国"，这种描述不够准确，但它强调了一个事实，即在中国，你只要认同中国文化，特别是掌握中文，中国人往往就把你看作中国人的一部分。这种文化立国的传统对于今天的国际人权保护也很有启发，互相尊重、平等交流、文化互鉴应该是新型全球化的重要标志。

最后，西方主流政治精英、学术精英、媒体精英预测英国"脱欧"错了，预测美国竞选结果也错了（you got it wrong again），这是 2016 年的事情，而预测中国，过去 30 多年几乎都是错的。西方精英，包括许多德国媒体，为什么还不反思一下呢？错在哪里？错在缺少中国人讲的"实事求是"的精神。我这个发言就是希望帮助德国朋友更多地了解中国这个国家，了解绝大多数中国人如何看待自己的国家、看待自己的人权、看待西方社会自己出现的许多人权问题和各种危机，最终增进互相了解、互相信任，共同促进国际人权保护的事业。

2016 年 12 月于中德人权发展论坛

话语自信：回望六年前与福山的那场辩论

2011 年 6 月，也就是六年前的这个时候，福山先生应《文汇报》和上海春秋发展战略研究院的邀请，与我进行了一场很有意义的辩论。应该说这场辩论已经成了中西方学者就中国模式和西方模式进行正面话语交锋的一个经典，产生了相当的国际影响。这场辩论涉及了一系列最尖锐的政治问题，如民主还是专制、法治还是人治、"坏皇帝"问题以及小布什问题等。我觉得这个辩论的影响还会持续，因为它所涉及的问题还会长期地影响我们这个世界。

福山先生是西方著名的自由派学者，其著作《历史的终结与最后的人》让他一举成名。他的基本观点很简单：西方式的自由民主代表了人类历史的最高阶段，在这个意义上，历史终结了。苏联的解体和东欧的崩溃似乎印证了他的观点。辩论主办方本来请他来谈"变动秩序中的中国与世界"。但那天他抵达上海文新大厦的贵宾休息室时，对大家说"我今天想谈谈中国模式"，这让大家感到有点惊讶。因为福山对中国模式有多少研究，大家并不熟悉。

这些年，中国人文社会科学领域，西方话语的渗透无孔不入，特别是政治学、经济学、新闻学、法学等。在与福山先生辩论前，我也看了一些中国学者与他的对话，恕我直言，那不是对话，而是"汇报工作"。我们那些学者关心的是中国哪一天才能达到美国的民主和法治水平。这种甘当西方话语打工者和搬运工的弱者心态使许多西方学者来到中国如入"无人之境"——就像美军入侵伊拉克那样，所向披靡，在任何问题上都被看作是专家，观点被广泛转载和引用。

但我没有向西方学者"汇报工作"的习惯，我对在场的《文汇报》负责人说了一句，给他一点中国震撼吧。当然，辩论当天我们双方都保持了礼貌和克制，我对福山先生也很尊重，但双方观点分歧很大，辩论很激烈。

当时我们在五个大问题上做了某种预测，现在六年过去了，时间不算长，也不算短，让我们做个"中期评估"吧。我们一起回望一下，究竟谁的预测更靠谱。我对做学问的要求是经得起实践的检验，经得起历史的检验。也就是我们常说的，实践是检验真理的唯一标准。

第一个预测是关于"阿拉伯之春"与中国的。大家知道"阿拉伯之春"是 2010 年 12 月爆发的，然后整个 2011 年全年，从突尼斯到埃及，再到叙利亚、利比亚、也门等等，席卷了整个中东和北非，可以说是如火如荼。当时福山从他的理论推导，认为中国也可能经历"阿拉伯之春"，因为中产阶级的崛起，必然寻求自由民主，这是不可阻挡的历史潮流。我认为不可能，并以埃及为例，做了一些判断预测。当时我说：

"至于中东最近出现的动乱体现人们好像要自由，而我觉得最关键的问题，是那个地方的经济出现了大问题，我去过开罗4次。20年前跟上海的距离大概是5年，现在比上海落后40年，一半的年轻人没有就业，不造反行吗？而且我自己对中东的了解使我得出这样的结论，西方千万不要太高兴，这会给美国的利益带来很多的问题。现在叫中东的春天，我看不久就要变成中东的冬天。严格讲那个地区还没有成熟到中国的辛亥革命时期，所以路漫漫。出现什么样的问题什么样的结局我们会看到的。"

后来我查了一下，我可能是世界上最早明确预测"阿拉伯之春"将变成"阿拉伯之冬"的学者。复旦大学中国研究院是国家高端智库，有人问国家高端智库的标准是什么，我说那你要看中央有关文件，但我个人体会有一条重要的要求就是要能提出前瞻性的、一锤定音的建言，"阿拉伯之春"变成"阿拉伯之冬"就是这种一锤定音的建言。

为什么我的预测比福山更准一些？因为我相信中国人讲的"读万卷书，行万里路"，相信邓小平讲的"听过枪声和没有听过枪声的士兵，是完全不一样的"。只要你相信实事求是，就一定会得到同样的结论。那就是政治研究一定要有实地考察，要接地气，了解一个地方的政治文化。

　　我去过四次埃及，在普通埃及人的家里都住过。我知道，在埃及乃至中东任何一个国家如果真的实行一人一票，那么选上来的一定是伊斯兰政权，这样的政权是好是坏，我不想就此进行任何价值评判，但是迄今为止，伊斯兰政权还没有成功找到实现国家现代化的道路。

　　我们去年到欧盟进行智库交流，今天欧洲最头疼的问题就是上百万中东难民。我说，如果你们当初能够听取像我们这样的中国学者对"阿拉伯之春"的判断，也许就可以避免这场危机，但现在为时已晚。我们在英国的时候跟他们讲，你们完全可以反思一下，究竟自己犯了什么错误，这个危机跟你们自己有什么关系？在某种意义上其实是搬起石头砸自己的脚。

　　我们去年 12 月和德国学者进行人权对话，他们说中国应该帮助欧洲解决中东难民问题，我说，可以的，但有一个条件，欧洲必须首先承认错误，承认自己干预别国内政，支持"阿拉伯之春"是错的，否则你们还会犯同样的错误，那结果可能不是一个叙利亚，还会有三五个叙利亚。这就是中国的话语，我们非常坦然地跟他们谈这些问题。

　　第二个预测是关于美国的政治制度。其实福山到中国来，他的态度还比较谦虚，因为美国金融危机带来了很残酷的负面影响，所以他也知道美国民主制度出现了很多问题，但他还是坚持这是一个非常成熟的制度，可以纠正自己的问题。而我则认为美国的民主制度是前工业革命时期的产物，美国的政治改革比中国更为迫切。

第三个预测是关于民粹主义的。我当时明确表示，我看衰西方民主制度，一个重要原因是它难以解决"低智商民粹主义"问题，美国的制度解决不了这个问题。福山当时是这样回应的："美国最伟大的总统林肯有一名言'你可以欺骗多数人于暂时，你可以欺骗少数人于永久，但你不能欺骗多数人于永久'。对于一个非常成熟的民主制度，他们有自由的言论权、评论权。从长期角度来说，人们最终还是会做出正确的抉择。"

我当时是这样回应的："您很乐观，认为美国会吸取经验教训，不被民粹主义左右。但我自己觉得随着新社交媒体的出现，民粹主义会越来越严重，这是一个大趋势。一个国家也好，一个社会也好，垮起来是很快的事情，不是简单的一个体制问题。"

从 2016 年英国"脱欧"的公民投票和美国特朗普当选总统这些"黑天鹅现象"来看，西方民粹主义思潮确实愈演愈烈，金钱的卷入，新媒体的卷入，最终这种"低智商民粹主义"可能会毁掉西方的未来。至于林肯的表述，在哲学层面是对的，语言也是诗一般的，但现实很骨感，政治有时间维度，也有空间维度和成本维度，就好像说你今天丢了手机，别人宽慰你：没关系，你的手机一定还在地球上。

在第四个预测上，我们存在重大分歧，那就是关于"历史终结论"本身。福山是"历史终结论"的作者，我对他说，不是"历史的终结"而是"历史终结论的终结"（the end of the end of history)。这应该是第一次在大庭广众之下，一个非西方学者明白无误地、零距离地、同时也是彬彬有礼地对他说了这番话：

"我这个观点自己还没有写出来，正好和福山教授的观点相反，我认为不是'历史的终结'，而可能是'历史终结论的终结'。从人类大历史的角度来看，西方这个制度在人类历史上可能只是昙花一现。为什么这样说，往前推 2500 年左右，当时在雅典有一些很小的城邦民主制度，最后被斯巴达打败了，之后两千多年'民主'这个词在西方基本上是一个贬义词，大致等同于'暴民政治'。近代西方国家在完成现代化之后，开始引入一人一票这样一种民主制度。

"这种民主制度发展到今天，我觉得有几个大的问题实在是解决不了，第一个就是它基本没有'人才'的观念，就是治国谁都可以，只要是选上来的。这个问题就很严重了，像美国这样的国家也承担不起。第二个问题是福利永远只能往上走，永远下不来。像中国这样进行银行改革、国企改革是不可能的。第三个问题是社会越来越难以整合，过去西方国家还可以整合，大家用票决制，你 51％票，我 49％票，51％票就赢。但美国的社会现在也是一个分裂的社会，投票输的一方不认输，继续为难作梗。第四个问题是低智商民粹主义（simple-minded populism），不能为自己国家和社会的长远利益进行考虑，连美国这样的国家今天都面临这样一种危险。

"所以我想起了 1793 年英国国王乔治三世派他的特使到中国

来想要进行贸易，但我们的乾隆皇帝非常傲慢，他觉得当时的中国在世界上绝对是最好的，是十全十美的国家，不要向人家学习任何东西，是'历史的终结'。结果我们就一下子落后下来。我觉得现在西方很多人也是这样的心态，这样的心态是从西方的角度考虑，他们真的可以到中国来好好看一看，观察一下中国怎样在30多年里面如何不停地进行改革，有些改革虽然很小，但是在不停地进行。

"西方觉得它的制度还是最好的，实际上这个制度问题越来越多，西方民主的发源地——希腊已经破产了，英国的财政债务占GDP的90%，也接近破产了。所以今天我们总理正好访问英国，准备投资，英国人就非常高兴。

"关于美国，我做了一个简单的计算，'9·11'袭击损失了1万亿，两场战争损失了3万亿，金融危机损失了8万亿。美国现在的债务是10万亿到20万亿。换句话说，如果没有美元国际货币垄断地位的话——这个地位也不是永久的，美国这个国家就已经破产了。"

我曾经在一个视频"中国人，你要自信"中提到跟英国学者的交流，他们质疑我们的政治制度，我当时就说我们可以竞争。但我没有想到英国衰落得这么快，从去年"脱欧"公投，到最近英国新首相特雷莎·梅要冒险搞中期选举，结果是悲剧性的。英国实际上存在很多问题，而且民粹主义越来越严重，也付出了很大的代价。我跟英国学者说，我非常郑重地向你们推荐中国的协商民主模式。因为其实赞同和反对"脱欧"的支持率差距很小，在这个情况下不适合公投，而是协商。

我预测西方今天这个民主模式可能只是人类历史长河中的昙花一现，这个预测是否准确有待证明。我曾经多次撰文分析过西方政治制度的基因缺陷，我相信我的预测将经得起历史检验。

第五个预测是关于现代化是否会导致文化趋同。西方政治学有一个主流观点，随着全球化、自由化，世界各国的文化都会走向趋同，从生活习惯（如喝可口可乐、吃肯德基）到政治追求（如追求自由民主）。但我认为不是这样的，我在辩论时讲道：

"现代化导致文化趋同，这是西方政治学的一个观点。但从经验角度来分析的话不一定靠得住。以中国为例，比如大家都以为中国人都在忙着现代化，忙着赚钱，突然前两年一首歌叫《常回家看看》，大家都在里面找到了感觉，这是非常具有中国文化传统的歌，美国人不会唱的。中国人传统的核心是家的概念，中国人为家庭会付出不知道比美国人大多少倍的牺牲。换句话说不管现代化发展到什么程度，一个民族的文化精髓，核心的东西是不会改变的，也不应该改变，否则世界就变得非常枯燥了，特别像中国这样一种强势文化，怎么改变得了？一个是麦当劳文化，一个是八大菜系文化，两者是完全不一样的。他不可能征服你，而是你要想办法收编他，这是我的一个基本的看法。

"我很欣赏英国政治哲学家埃德蒙·伯克，他的观点一贯是任何制度的变更一定要从自己的传统延伸而来。我们尊重自己的文化，核心是文化底蕴的背后是智慧。智慧不等于知识。今天的知识比起过去不知道增加了多少倍，我们今天小学生的知识可能都超过了孔子，超过了苏格拉底，但是智慧并没有增长多少。我有一个善意的建议——但福山教授不会接受：您讲的现代政治秩序的三个要素——国家、问责制和法治，恐怕还要加上一个'某种智慧'。

"比如说我观察美国，美国打了这么多仗，从战术上来讲，是赢的，但从战略上讲几乎都没有赢，实际上某种程度上是智慧的问题。越南战争是这样，阿富汗战争是这样，伊拉克战争也是这样，还有其他的战争，所以我觉得恐怕要更多地强调一些智慧的原因。

"不久前我去德国讲课，一个德国经济学家跟我讲了一段故事，说最近默克尔总理问他，为什么德国没有世界一流的经济学家，没有诺贝尔经济学奖获得者？德国的经济学家说：有一流的经济学家，就不会有一流的经济了。换句话说是经济学出了问题，出了很大的问题。在西方产生的社会科学中，我觉得经济学可能是相对而言更接近一点真理的科学，因为它最接近自然科学，什么都可以用数学模式来表示。坦率地讲，我觉得西方衍生出很多的社会科学，如政治学，跟经济学相比恐怕离真理更远，所以我们要大胆地探索话语的创新，这点我跟福山教授是一样的。他现在也在冲破传统的西方政治学的范围，从他这本新书就可以看到，他是用人类学、社会学、经济学、考古学等等综合地来探讨。我觉得这种努力很值得肯定，我也非常尊重，尽管一些观点我不完全同意。

"当然我自己也好，我的朋友也好，我们想做的事情是走得更加远一点，我们确实是在质疑整个西方的话语体系。我们觉得在这样的努力中，我们并不是要证明我们怎么好，西方怎么差，也不是希望西方证明他怎么好，我们怎么差。我是觉得我们需要有一种人类社会的努力来解决现在世界面临的巨大挑战，从消除贫困问题，到文明冲突问题，到气候变化问题，到城市化带来的弊病等等新的问题。西方的智慧确实不够用了，东方的智慧应该作出自己的贡献。"

我这番讲话中有两个重点。

第一点，我说中国文化是八大菜系文化，美国文化是麦当劳文化，两者是完全不一样的。他不可能征服中国文化，而是中国文化要想办法收编他。这就是我们今天讲的文化自信。麦当劳文化有其长处，如标准化制作、统一的中央厨房、明亮欢快的色彩等，但它的深度、广度和厚度是无法和八大菜系比拟的。中国是一个文明型国家，它是世界上连续时间最长的古老文明与一个超大型现代国家的结合。

中国任何一个成功之处，包括中国模式的主要特点，后面都有数千年文化的积淀，同时又借鉴了其他文明的长处，所以它一定是超越西方模式的。一个文明型国家的崛起有其特别的规模效应，今天的中国事实上正在重新界定什么是现代化、什么是现代性、什么是民主、什么是良政，就像观察者网正在重新界定什么是一流的时政网站。

第二点，福山先生认为现代政治秩序需要三个要素——国家、问责制和法治，我建议他再加上"某种智慧"。如果说今天他来问我，"某种智慧"指什么，我大概会这样说：在21世纪的政治制度竞争大概主要看这么三点，这也是我对中国模式的总结。

一是看这个国家有没有一个能够代表人民整体利益的政治力量。如果这个国家有这样的力量，胜出的可能就比较大；如果没有，走衰的可能性就比较大。坦率地说，中国有，而美国已经没有了。

二是看你能否既发挥好市场的作用，也发挥好政府的作用，使市场的作用和政府的作用有机地结合起来，经济才能真正成功。单靠市场经济，或单靠政府的作用，都无法真正成功。

三是看一个国家是否有足够的整合能力和改革能力。21世纪面临整合能力和改革能力的挑战，没有这样的能力，社会将是分裂的，体制将是僵化的。世界各个国家都需要改革，而真正能够推动改革的好像只有中国和为数不多的几个国家。

正是基于以上三点的比较，我更看好中国模式。

最后，我再谈谈我个人对福山的评价。他的优点和不足都很明显。

先说优点。首先，在西方自由主义学者中，他的心态更为开放，更加愿意听取不同的意见。他现在几乎每年都到中国来，对中国取得的巨大成功，多次作过高度的评价。他私下也讲过，之所以经常来中国的一个重要原因是他提出"历史终结论"的时候，没有预料到中国的崛起，他想了解究竟是什么原因带来了中国的崛起。在这方面，他比我们国内很多自由主义学者要强得多。

第二，他也在努力突破西方政治学，特别是战后形成的西方政治学过于专业化的局限，努力推动跨学科的综合性政治研究。他的《政治秩序的起源》就涵盖了历史学、考古学、社会学、人类学等诸多领域。这代表了社会科学未来发展的方向。中国研究，或者叫中国学，也应这样去做，非综合、非跨界的研究根本说不清中国道路。

第三，福山原来是新保守主义阵营的大将，但他明确反对伊拉克战争，并因此宣布与新保守主义阵营分道扬镳。当然，他这种立场也源于他的认知，他反对庞大的社会改造工程，认为那才是保守主义的核心原则。在这一点上，他既是有见地的，也是有原则的。

不过，他的不足也很明显。首先，他还是无法摆脱西方中心论的影响，特别是黑格尔的线性历史观，还有黑格尔的西方自由与东方专制论，实际上当年中国学者严复就批评黑格尔，认为这种理论导致了西方对非西方国家的奴役。

第二，他缺少中国人讲的"读万卷书，行万里路"的精神，他喜欢理论推演，这本身不坏，也是学者都要下功夫做的事情，但中国人说"知行合一"，一定要接地气，否则会犯常识性的错误，比如他说"阿拉伯之春"，背后是庞大的崛起的中产阶级，这些国家哪里有什么庞大的中产阶级。对于政治学研究来说，没有实地考察的基本功，没有对真实世界的整体把握，很难提出可以指导实践的理论。

第三，他缺少对"历史大势"的准确把握，他比一般的西方政治学者高明很多，他关注到中国的崛起，并且在不同的场合赞扬中国奇迹，这和国内公知全然否定中国的一切形成了鲜明的对照，但他还是迈不出这一步，就是世界正在迅速地进入后美国时代、后西方时代，而中国的全面崛起是世界进入后美国时代、后西方时代的一个主要标志，代表了世界发展的"历史大势"。

我今天就讲这些，谢谢大家。

2017 年 6 月于"观天下"论坛

―――――――――――――― 问 与 答 ――――――――――――――

问：您现在做的工作，是不是想要用西方人了解的话语来表述中国的特殊性？

答：不只是这样，这只是我工作的一部分。我们确实在尝试以西方人听得懂的语言来解释中国，但同时我们也提出中国自己的话语，用中国话语来分析西方、解释世界。例如，我在《中国超越》这本书里就探讨三种力量的关系。美国讲三权分立好，但我认为三权分立解决不了更本质的问题。三权分立问题在于三权都是政治领域的东西。但是现代社会的良性运转需要超出这个领域，需要社会力量、政治力量和资本力量三种力量的平衡。否则不管你三权如何分立，但外部的资本力量可以左右政治，国家就要出大问题。美国20多年来大部分人的实际收入没有增加，就是资本力量太强大，强大到想给总统竞选捐多少款都可以。强大到这么多美国的跨国公司，在世界赚了大量的钱，但钱转移到了开曼群岛等地方去避税，美国自己拿不到。

问：有人认为西方一直在妖魔化中共，是这样吗？

答：因为中国执政党的名字叫共产党，所以西方对此有一种意识形态的偏见。这个偏见由来已久，从冷战时期一直到今天。我对西方媒体多次说过，你们看中国共产党，看中国，是非常意识形态化的，有点像我们"文革"时候看西方。"文革"之后中国或多或少地去意识形态化了，因此中国人看西方比西方人看中国总体上更为客观一点。西方意识形态的偏见，造成了不能实事求是地认识迅速发展的中国，也造成了对中国预测的频频失误。我觉得西方到了反思一下自己的时候了，20 年前预测错了，15 年前也是错的，10 年前预测又错了，5 年前、3 年前都错了，也不道个歉，更不检查一下自己为什么预测中国老是出错，结果就是一错再错。

问：中国什么时候才能享有真正的言论自由？

答：如果真正的言论自由就是美国模式下的言论自由，那就麻烦了。奥巴马上台的时候说"变革"，结果美国变革了吗？我每年都来美国，但几乎看不到任何变革，如果我是美国人，我会非常担心这种状况。美国政客的言论非常自由，但有几个人可以兑现自己的承诺？言论自由与不兑现自己的承诺相结合，这种言论自由模式还不需要反思吗？中国是政治家治国，领导人一诺千金，说了话就要兑现。中国文化中很少把一个概念绝对化，包括言论自由，中国人言论自由与言论责任联系在一起，这是对的。至于日常生活中的言论自由，中国人的言论自由应该比美国多得多，美国是一个政治正确的社会，谈话中的禁忌太多了，几乎谈什么话题都有禁忌，一个强调政治正确的社会怎么会有真正的言论自由呢？你真相信美国有言论自由吗？今天时间有限，否则我很愿意和你把这个话题好好聊下去。比方说，在美国说中国好，就是政治不正确，所以说中国好是需要很大勇气的。

问：很多年前撒切尔夫人就曾经说过，中国永远不可能成为一个超级大国，因为中国没有可以向世界输出的理念，您觉得她说的有道理吗？

答：撒切尔夫人错了，too simple and naive（想得太简单、天真）。她对于中国的历史文化了解得太少，20 世纪 80 年代她来中国访问的时候，邓小平已经给她上过课了，她不想把香港还给中国。邓小平说，如果我们达不成协议的话，我们将单方面采取措施，结果她跟邓小平谈话之后在人民大会堂摔了一跤。中国人的理念太精彩了，而且世界需要这些理念。我们的民族有大量的智慧和价值，全世界都可以从中获益。我跟西方人说过，你看整个中国的历史传承，欧洲历史上，光是宗教战争打了上千年，中国历史上几乎没有宗教战争，我们儒释道最终是互相兼容的，我们的文化比西方的文化更为包容。西方历史上因为贸易而打仗、兵戎相见，历史上比比皆是。我国历史上贸易非常繁荣，我们看《清明上河图》中那种繁荣的景象，欧洲当时怎么可能达到这样的水平。我们从来没有因为贸易而引发的大战。欧洲历史上有多少种族战争，我说中国历史上几乎没有这样的战争。就这三点，我们的价值理念对世界就可以作出巨大的贡献，所以我们要自信，要有底气。我要指出，我们自古以来提倡和为贵，这很重要，但同时我们一定要建立强大的国防，否则人家就要欺负你。我们常说落后就要挨打，但现在我们还要追问西方，凭什么你比人家富裕，比人家强大，就要欺负别人，就要打别人。这就是我们所说的国际社会的公正。

问：中国的网络管理被很多人批评，我们讲制度自信，但为什么要禁止谷歌、脸书、推特等国际社会通用的新媒体？

答：实际上各个国家都有某种网络管理，只是形式不同。你一定知道，斯诺登所披露出来的美国政府对全世界的网络监控，可谓登峰造极，世界上哪一个国家比得上？中国关心的是"议程设置"问题，如果中国没有自己比较强的管控能力，那么以现在西方设置议程的能力，西方媒体完全有可能主导中国整个国家的议程设置，你要我讨论刘晓波，我全国上下都要讨论刘晓波。作为一个13亿人口的大国，中国一定要能够自己设置国家的议程，因为这关系到国家的政治安全，我们有太多的事情要讨论。

但您也知道，中国政府明智地默许了一些间接使用西方网站的方法。有人可能会说，既然这样，你们为何不完全放开互联网呢？我的看法是，像世界上多数国家一样，多数中国人，就像多数国家的民众一样，并不关心政治，中国今天的做法至少可以使不关心政治的人没有必要被某些别有用心的外国组织鼓动起来，这有利于避免中国陷入社会动荡，这是治理一个大国的常识判断。当然我们互联网的管理可以做得更好，但有一点是肯定的：如果全世界的互联网都被一个国家垄断的话，那将是世界的灾难。

此外，我们还要看到网络治理模式背后巨大的商业利益。如果没有中国自己的网络管理模式，就不可能有百度、腾讯、阿里等这些迅速崛起的中国公司。中国今天移动支付领跑全世界，移动支付的金融总量超过美国至少50倍，能够想象这么大量的中国人的金融信息完全掌握在美国公司的手中吗？那中国还能有金融安全乃至国家安全吗？不管中国网络治理存在多少不足，今天世界上前10家大型的互联网公司中，中国占4家。全球的网络空间事实上主要是两个世界，一个是英语主导的，一个是中文主导的，中文主导的互联网世界规模巨大。所以在乌镇世界互联网大会开幕式上，我们的部长敢说：此时此刻，世界互联网的巨头，要么已经抵达了乌镇，要么正在来乌镇的路上，这不就是我们说的道路自信和制度自信吗？

问：有人认为唯有采用西方政治制度，才能解决腐败问题，您怎么看？

答：这种看法经不起事实的检验。以东亚的"四小龙"为例，初步完成现代化后，韩国和中国台湾转而采用了西方民主模式，新加坡和中国香港则还大致是原来模式的继续和演变。结果谁治理腐败更为成功？当然是新加坡和中国香港。韩国与中国台湾的腐败情况，采用美国政治模式后，反而更严重了。新加坡和中国香港就是依靠法治，依靠比较独立的廉政系统，如新加坡的反贪局和中国香港的廉政公署，结果腐败发生率都下来了，中国也从他们的经验中得到了启迪。

实际上西方国家内部腐败也很严重，特别是我称之为"第二代腐败"的情况。美国 2008 年金融危机是从次贷危机开始的，次贷危机中，15 000 多亿美元的劣质产品被奇迹般的包装成 3A 级金融产品，再卖给世界各个金融机构，这当中没有腐败吗？我们比较熟悉原始的腐败，这有点像传统武器和现代武器的差别。传统武器，如大刀杀人，鲜血淋淋，人见人恨；而"第二代腐败"非常"文明"，很像高科技战争，人们看到的只是电视荧幕上的一个坐标和几个闪亮的光点，但对人的摧残恐怕比传统武器有过之而无不及。这场危机坑害的是全世界的老百姓。这些金融大鳄钻了自己能钻的一切法律空子，坑蒙拐骗什么都做。美国危机最后还要全世界人民帮他买单。

问：国内有些学者认为，穷人有住在城市贫民窟的权利，这是人权。中国贫民窟少，是因为我们限制了农村人口迁徙到城市。您怎么看？

答：自由主义思想的特点是任何一种价值观，你都要表示尊重，你不应该把自己的价值观强加给别人，但是在现实生活中，不容易做到。一个人要求自杀，你该不该尊重他的愿望？尊重的话，不又违反了人的生命尊严这种价值了吗？很多价值是矛盾的，我们要通过讨论形成一个社会对某些价值的最大共识。一般认为，贫民窟的犯罪率和艾滋病发病率都比贫民窟外面高3—5倍，联合国也在号召各国消灭贫民窟，这是国际社会的共识。所以任何思想都不要走极端。中国贫民窟少，这是好事情，其背后是中国这些年在消除极端贫困方面取得的巨大成绩，其他发展中国家远远没有做到这一点。

问：有人说他爱国，不爱党，您怎么看？

答：我们讲爱国，指爱人民共和国，就像美国人讲爱国，爱的是基于美国宪法建立的美国。一些人讲爱国，不爱党，本质上是不喜欢人民共和国，但这只是少数人，在民间不可能成为主流。中华人民共和国的建立是打仗打出来的，后来又跟美国打了两场战争。邓小平说过，没有人民的广泛支持，是做不到这一切的。换句话说，中国人为建立自己的中华人民共和国，为中华民族独立所付出的牺牲恐怕百倍于美国人为美国独立所付出的代价。这种历史传承的一个表现就是"红歌"在中国的经久不衰，它已经是现代中国文化生活的一个组成部分。虽然过去相当长时间里，我们落后、贫困，我们经历了"大跃进"和"文革"等，使很多人失去了自信，1949年后共产党还"得罪"了一批人。如"反右运动""得罪"了不少知识界的人，"文革""得罪"了更多的人。这些人及他们的后代中有相当一批人至今还耿耿于怀，所以中国总有一定比例的人骨子里是不喜欢人民共和国的。但是从可以看到的所有民调来判断，否定中华人民共和国的人是绝对少数，也不可能成为多数，除非共产党出现了戈尔巴乔夫，自毁长城，否则是不可能的。

问：社会主义是一个来自西方的概念。中国文明，特别是儒家文明与社会主义是什么关系？两者能够兼容吗？

答：中国走上社会主义道路的一个重要原因，就是中国传统文化中有社会主义的基因，例如，儒家文化注重民生和平等，这意味着中国文化传统与社会主义的核心理念比较吻合。今天中国社会主义的一些主要概念，如"温饱""全面小康""共同富裕"等，都可以在儒家文化中找到基因，如孔子讲的"国以民为本，民以食为天""不患寡而患不均""天下归仁""世界大同"等。但中国社会主义不只是固守传统，而是融入世界，参与竞争，汲取别人的长处，但不盲从，不失去自我，最终目标是把中国建成一个真正富裕、强大、公正的社会主义现代化国家。

问：中国道路的成功对于引领社会主义在当代世界的复兴有怎样的意义？

答：中国的成功对于世界社会主义事业的复兴将有重要的意义，因为这是中国在探索社会主义道路上取得了决定性的成功。中国社会主义的成功意味着，人类历史上一个社会主义国家第一次成为世界最大的经济体（按照购买力平价），创造了最大的中产阶层，具有最大的外汇储备，成为最大的游客输出国，基本实现了全民养老和医保，至少美国还远远没有做到。这一切对于世界社会主义发展的意义怎么评价都不会过分。我这些年访问过不少欧洲智库，以"阿拉伯之春"变成"阿拉伯之冬"及其给欧洲带来的难民危机为例，说明西方模式在非西方国家的失败；以中国迅速崛起和人民走向富裕的事实，来说明中国社会主义模式在中国的巨大成功。我还集中介绍了中国模式的战略规划能力、民主决策能力和项目执行能力。我认为在欧洲介绍中国社会主义的创新和成就有很大的听众市场，但需要话语创新，这也许可以成为我们在西方讲好中国故事的一个突破口。社会主义理念源于欧洲，至今影响巨大，但西方主流媒体硬想把中国模式歪曲为"国家资本主义"模式，我们可以用西方能够理解的话语进行正本清源，叙述中国探索社会主义而进行的大量创新实践和理论突破，为社会主义事业在当代世界的复兴作出中国人的贡献。

后　记

　　"中国三部曲"（《中国触动》《中国震撼》《中国超越》）出版后，不少地方请我去演讲，有国内的，也有海外的；有小范围的，也有大范围的；有针对学界的，也有面向普通听众的；有直接与听众沟通的，也有先录制视频再传播的。这些演讲使我有机会在一个更大的范围内阐发自己关于中国道路、中国模式和中国话语的思考。

　　我一直想整理一个演讲集，但由于种种原因，拖了下来。这次中信出版社联系我，我才下决心整理了过去数年的主要演讲，选编了这本集子。我的演讲大多围绕我在"中国三部曲"中提出的论点展开，在这个意义上，这本集子浓缩了"中国三部曲"中的核心内容。

　　但演讲并非书中观点的简单重复，而是结合最新的国内外发展对自己观点做进一步的提炼和展开。此外，演讲还是一种独特的文体，如口语化的特点增加了可读性。我演讲的习惯是准备一个百来字的提纲，然后开始讲。我很少先撰写文稿再照本宣科，照本宣科效果往往不佳。

用提纲进行演讲，给自己留出了自由发挥的空间。演讲是极具创意的劳动，某种意义上甚至是一门艺术，演讲过程中有联想、灵感和即兴发挥，这些东西可能不如书面文字那么严谨，但传达的往往是最真实的情感和思路，容易引起听众的共鸣，这种场上场下的心灵交流正是演讲的精彩之处。

我演讲前一般会告诉听众，演讲之后有互动，大家什么问题都可以提，千万不要犹豫，问题越尖锐越好。我一直认为研究中国，研究中国崛起、中国道路、中国模式、中国话语、中国共产党等，如果经不起别人的质疑，这种研究还有什么意义？我们的研究要能够经得起最挑剔的质疑，无论是来自国内的还是来自国外的。

中国的崛起早已超出西方话语的诠释能力，中国自己话语的崛起是大势所趋。但中国话语建设也面临不少挑战，特别是话语从内容到形式的普遍僵化问题，中国话语的建设远远落后于中国崛起的事实。我们要把中国话语建设变成一个生机勃勃的事业。在内容上，要推动扎扎实实的原创性研究；在形式上要丰富多彩，要接地气，要适应新时代提出的各种需求。在这个意义上，在原创性研究基础上的公开演讲就是这一生机勃勃事业的组成部分。

本着这样的精神，我在这本集子中汇集了自己过去数年中所做的 27 篇演讲，其中大部分是自己校对过的演讲记录稿，少部分是演讲后整理而成的文稿。集子也收录我与听众进行的部分互动问答。在整理过程中，我尽量保持原来演讲和互动的风格，同时也对一些文字和数据做了必要的核查和修订。

最后，谨借此机会诚挚地感谢中信出版集团，感谢他们为此书的出版所做的许多工作。我还要真诚感谢所有邀请我演讲的单位和个人；我也深深感谢许多学者和朋友的鼓励和帮助，特别是李世默、金仲伟、史正富、陈平、寒竹、文扬、范勇鹏、陈昕、潘小礤、马丁·雅克等。我还要感谢我的家人慧慧和逸舟的理解和帮助。这些演讲背后的部分研究得到了国家社科基金"中国梦专项研究"项目和上海市社科规划办"中国话语"项目的支持，谨在此一并表示感谢。

中国以这样的速度和规模崛起确实是人类历史上闻所未闻的。作为中国人，我们无疑正处在人类历史上一个最激动人心的变革时代。我有幸在这场大变革的进程中，通过写作和演讲影响了不少人。让我们一起继续参与和见证中国和世界的巨变吧！

张维为

2017 年 7 月 1 日于淀山湖畔